Stefanie Drecktrah · Julia Wurth

Das
Forderheft
Deutsch
1

Erstes Lese- und Schreibtraining

Name: _____

Klasse: _____

Mein Deutschmeister-Pass

Deutschmeister	Seite	Datum	Anzahl der richtig gelösten Aufgaben	Wie leicht fiel mir das? ☺ ☺ ☹
1	14			
2	24			
3	34			
4	44			
5	54			
6	62			

Mildenberger

Inhaltsverzeichnis

Inhaltsverzeichnis

1 – – Klatsche, höre, schreibe.

| Ma, ma | Me, me | Mi, mi | Mo, mo | Mu, mu |

ma

2 Verbinde.

Mo
Mu
Mi

Mu
Mo
Mi

mo
Mu
ma

1 – – Klatsche, höre, schreibe.

La, la	Le, le	Li, li	Lo, lo	Lu, lu
Ta, ta	Te, te	Ti, ti	To, to	Tu, tu

Tu

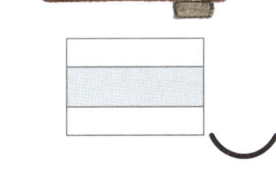

2 Schreibe die Wörter mit zwei Farben.

Lama

– 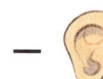 – Klatsche, höre, schreibe.

Ra, ra	Re, re	Ri, ri	Ro, ro	Ru, ru
Sa, sa	Se, se	Si, si	So, so	Su, su

Ra

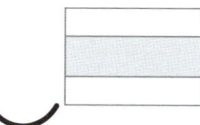

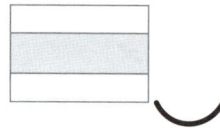

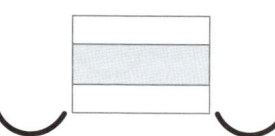

2 Schreibe die Wörter.

Salami

1  Klatsche, höre, schreibe.

del –

2 🖌 Welche Silbe passt? Male richtig an.

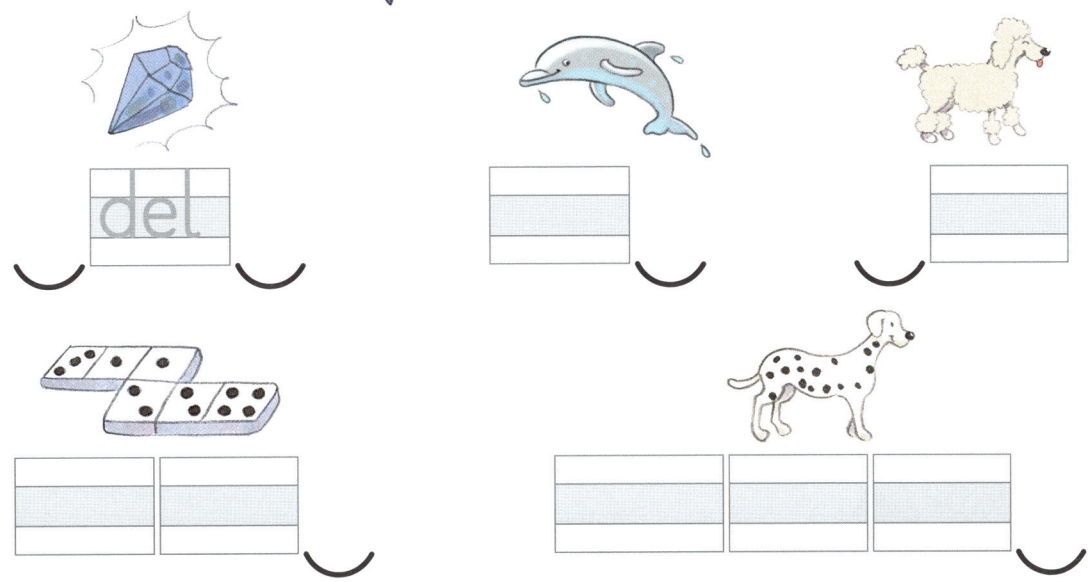

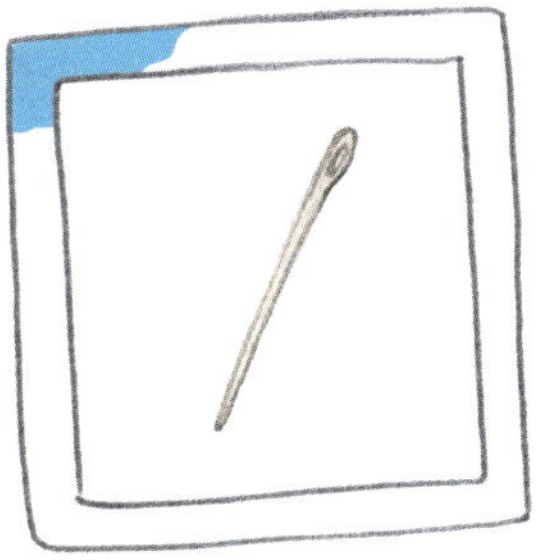

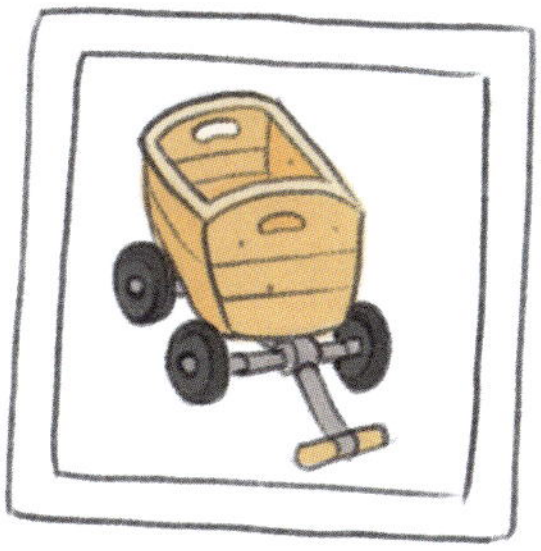

Wa

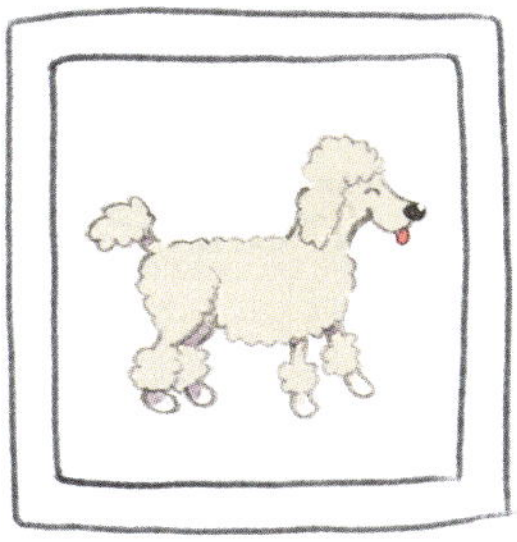

we

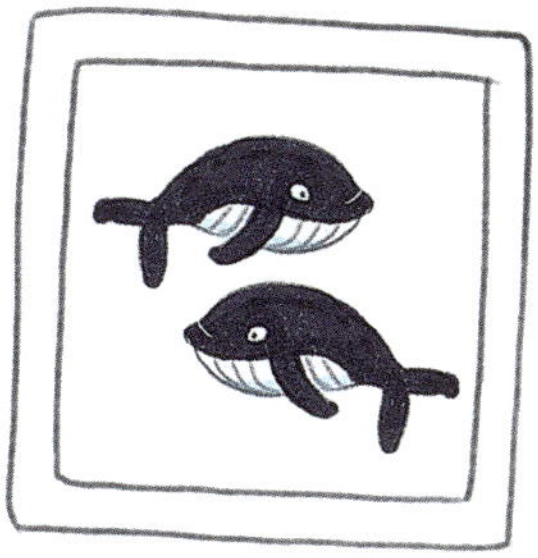

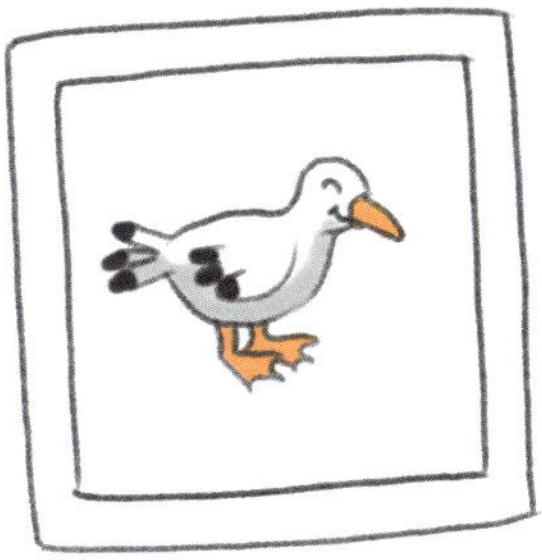

del

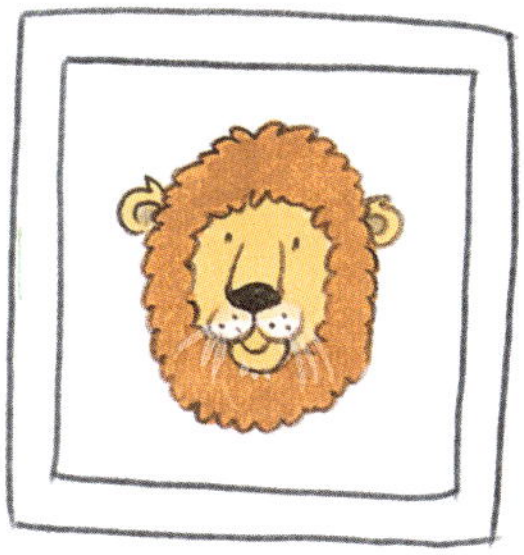

1  Klatsche, höre, schreibe.

2 Verbinde.

U

ma   le   ri um

3 Schreibe die Wörter.

Umut

1  Male richtig an.

Lama

Isel

Wala

Emu

Wale

Mala

Esel

Imu

2 Schreibe die Wörter.

Salami

MUSEUM

1  Male richtig an. | am | ma | im |

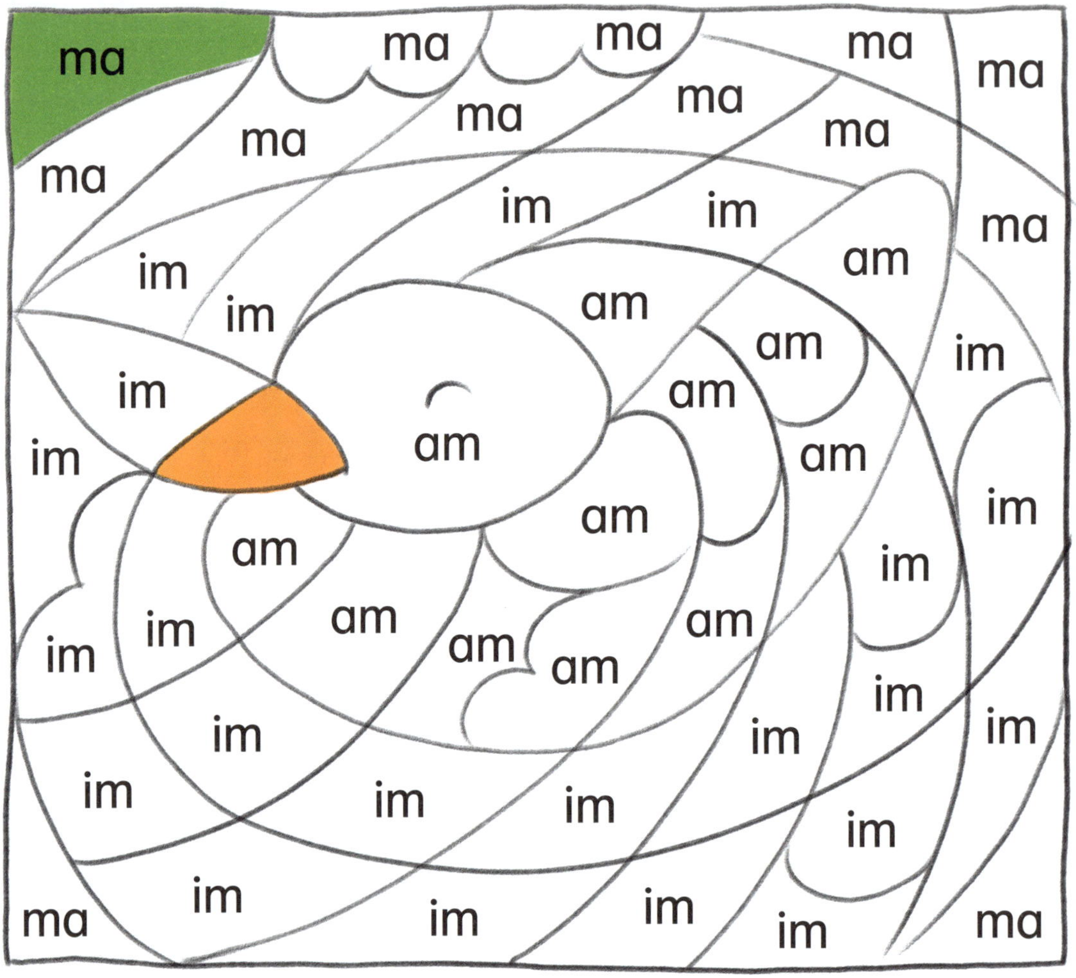

ma · ma · ma · ma · ma · ma · ma · ma · ma · ma · ma · ma · ma · im · im · ma · im · am · am · im · im · im · am · am · am · am · im · am · am · im · am · am · am · im · am · am · am · am · am · im · im · im · im · im · im · im · im · im · im · im · im · im · ma · im · im · im · im · ma

2 ☒ Welches Tier siehst du? Kreuze an.

☐ Made   ☐ Amsel   ☐ Lama

3 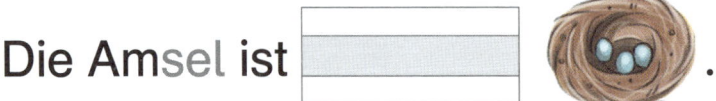 im oder am? Wo ist die Amsel?

Die Amsel ist [＿＿＿＿] 🪹 .

1 ☒ Kreuze an.

☒ Umut ist im .

☐ Umut ist am .

☐ Umut ist im .

☐ Oma ist am .

☐ Oma ist im .

☐ Umut ist im  am .

☐ Umut ist im  am .

2 🖌 Male in das Bild.

Die Amsel ist im 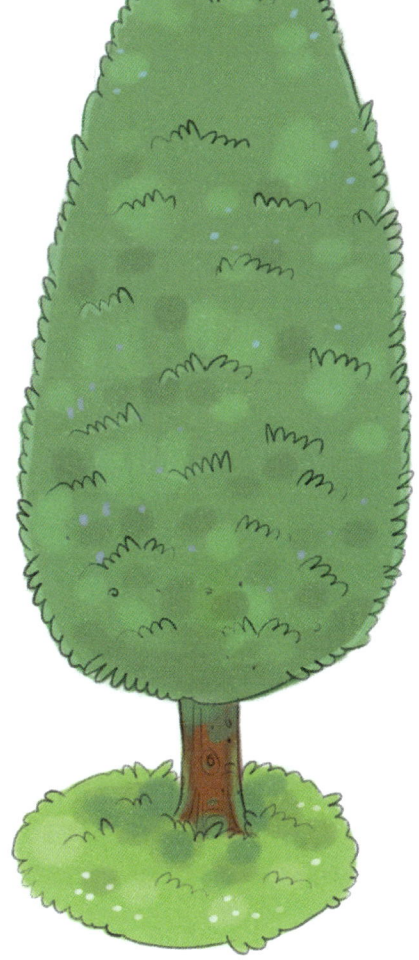.

Streiche das Falsche durch.

 Umut ist ~~sind~~ am  .

 Umut und Malte ist sind am  .

 Umut und Malte ist sind am  .

  ist oder sind? Schreibe die Wörter.

 ist im  .

 _____ am  .

 _____ im  .

 Malte und Umut _____ im   .

 Mama und Oma _____ am   .

1 📋 Wer ruft wen? Verbinde.

Mama   Mama.

Oma   ruft   Oma.

Umut   Umut.

Malte   Malte.

2 ✏️ Ergänze die Sätze.

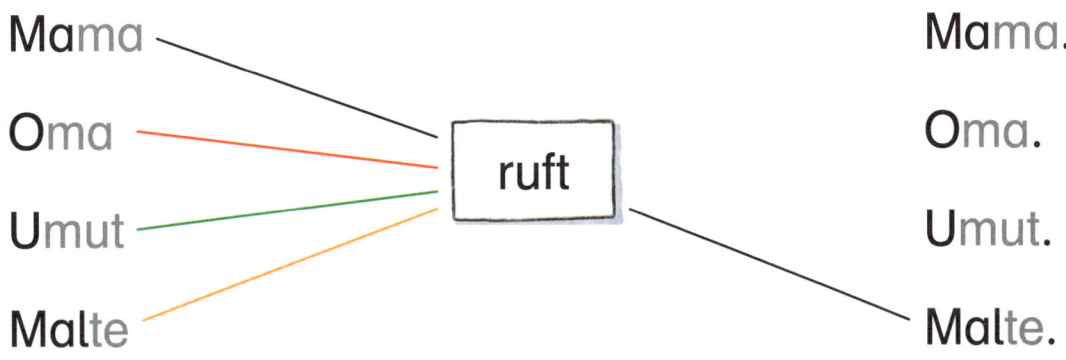

Mama ruft Malte.

Oma ruft

Umut

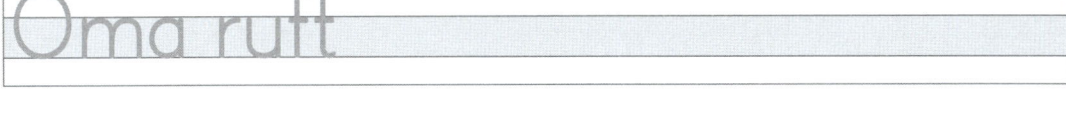

Malte

1  Klatsche, höre, schreibe.

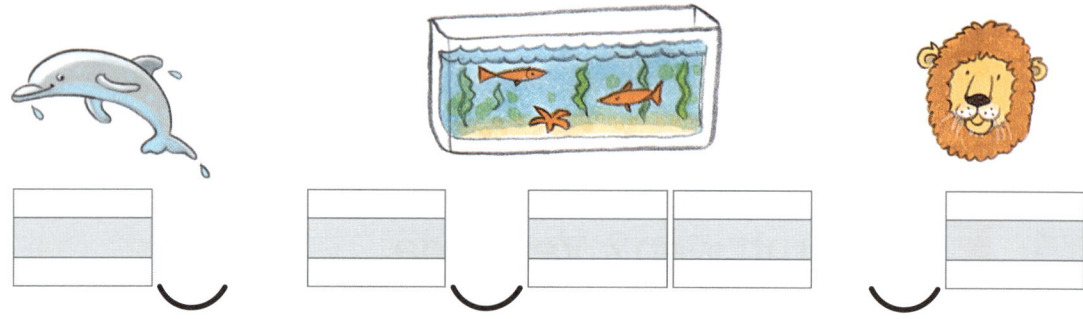

2 Schreibe die Wörter.

3 ist oder sind? Schreibe die Wörter.

Oma und Umut _____ im _____ .

Umut _____ am _____ .

Oma und Umut _____ am _____ .

Du hast _____ von 11 Aufgaben richtig gelöst.

1 Welche Tiernamen schlängeln sich durch die Kästchen? Verbinde.

2 Schreibe die Tiernamen.

Löwe

3 Male richtig an.

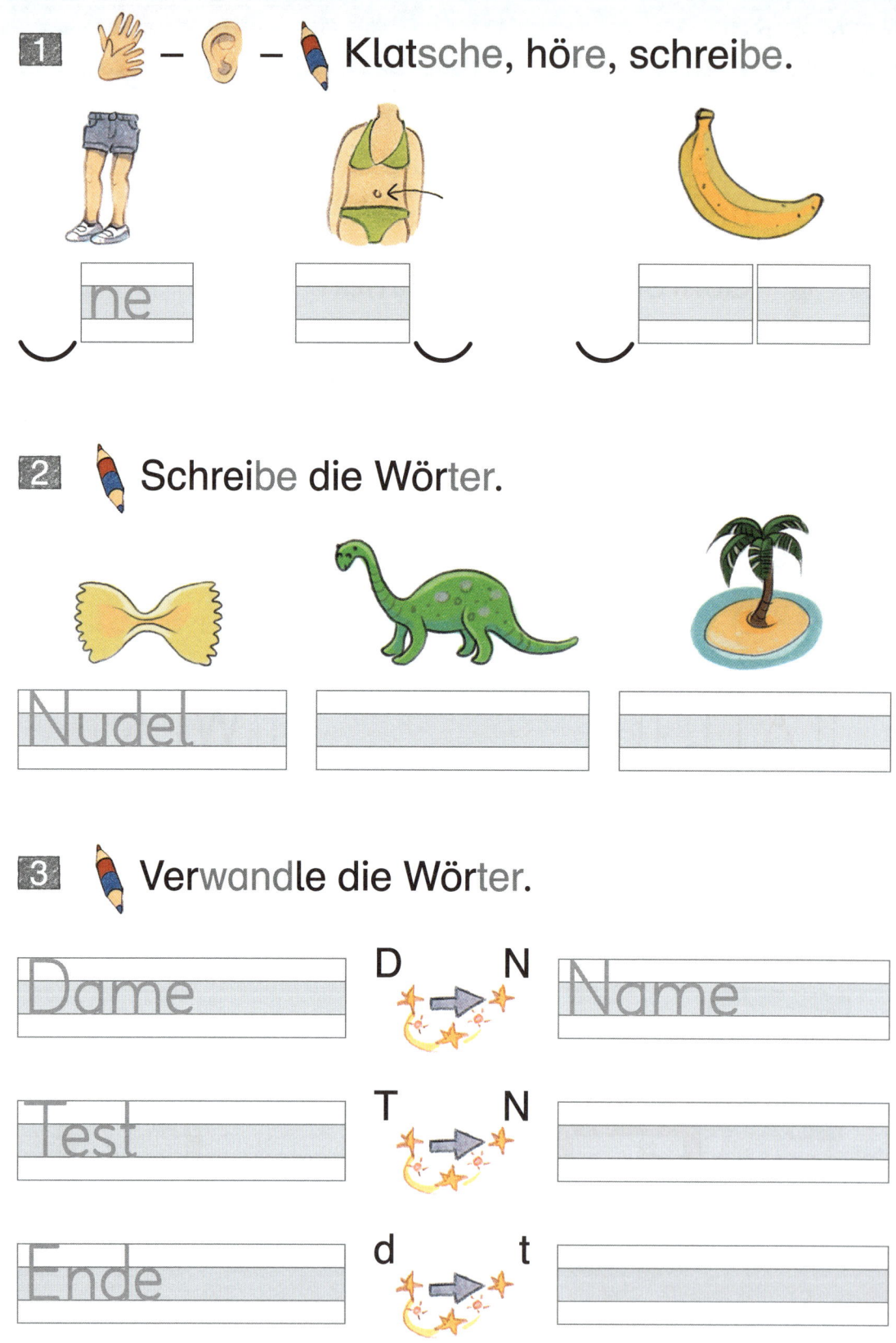

1 👋 – 👂 – ✏️ Klatsche, höre, schreibe.

◡ ne

2 ✏️ Schreibe die Wörter.

Nudel

3 ✏️ Verwandle die Wörter.

Dame   D → N   Name

Test   T → N

Ende   d → t

1  Klatsche, höre, schreibe.

Schu⌣

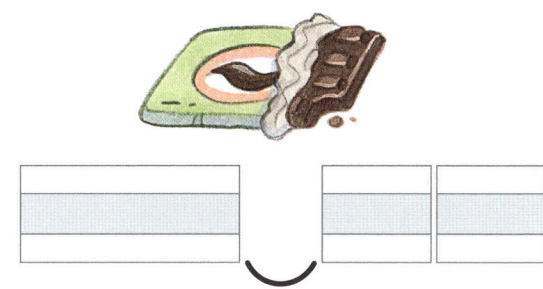

2  Schreibe die Wörter.

Schale

3  Verwandle das Wort.

Schale   a  u

1 Schreibe die Wörter.

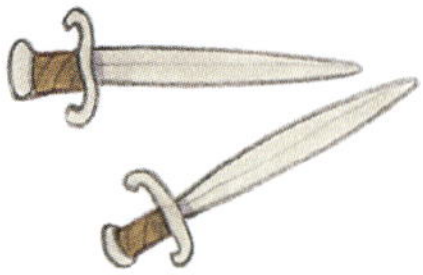

Schwerter

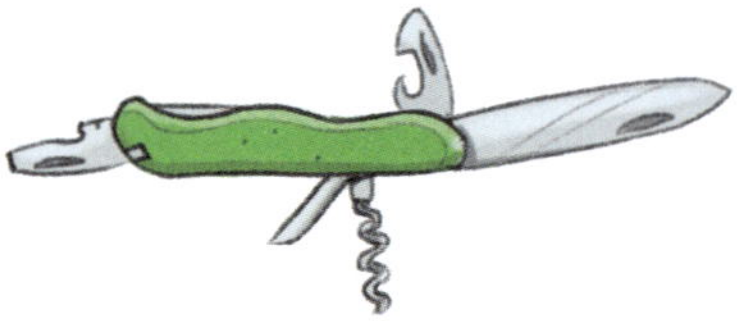

Mu ~~ter~~ schel mes Rut der sche
Ta ~~Schwer~~ schen Schil ser

2 Male.

1 roter Schwamm
in der Dusche.

Silben: schel, schin, schwal usw.

1  Schreibe die Wörter.

Eimer

2 Verwandle die Wörter.

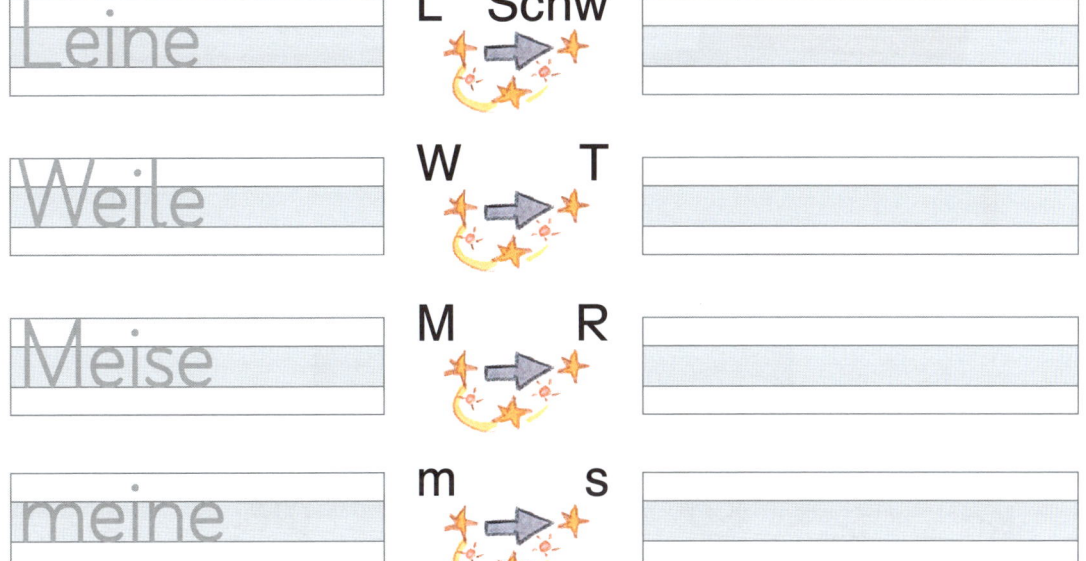

Leine   L → Schw

Weile   W → T

Meise   M → R

meine   m → s

1  Schreibe die Wörter.

 Ka̶ bu̶ ri̶ Karibu

 Ko bri li

 Ka du ka

2 Schreibe die Tiernamen.

Kamel

Ka̶ Ko Ko bra a me̶l̶ la

 **1** Löse das Rätsel.

K Ä S E

 **2** Schreibe das Lösungswort.

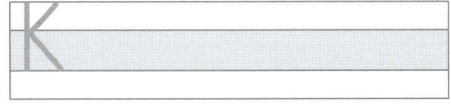

K

 **3** Male.

2 Schweine
im Schlamm.

1 Schreibe die Wörter zum richtigen Bild.

den	ken
len	ken
schen	ken

bla	sen
le	sen
ra	sen

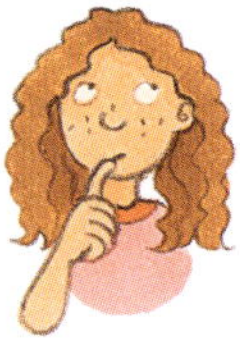

denken

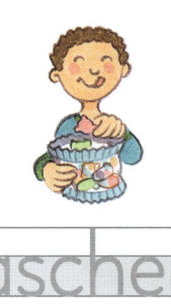

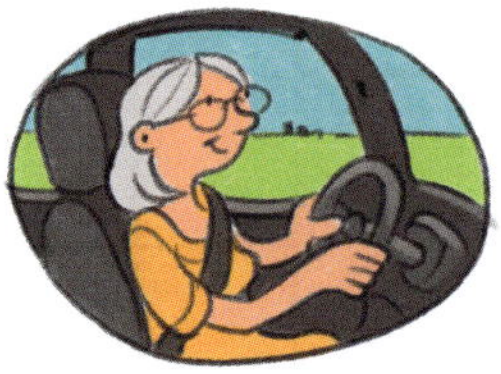

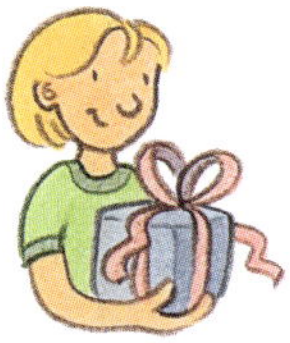

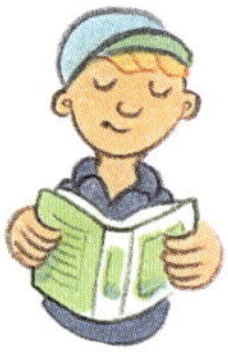

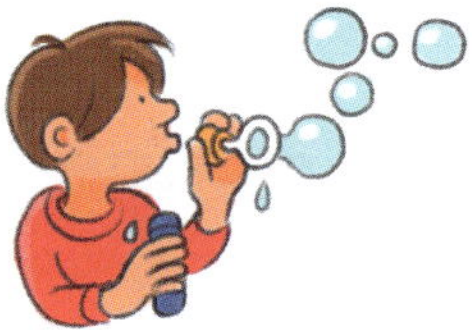

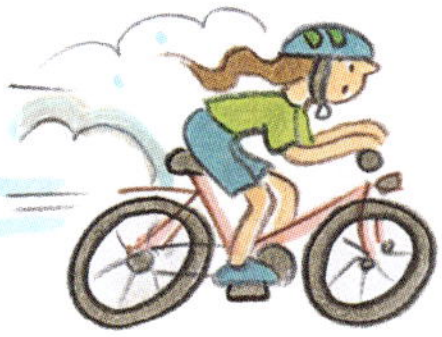

2 Was alle tun.

naschen

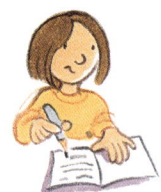

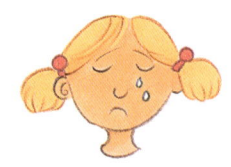

Was alle tun. Finde vier weitere Wörter und spure sie nach.

k	n	a	c	k	e	n	s	o	r
t	a	l	n	i	c	k	e	n	l
s	b	a	c	k	e	n	l	n	t
r	a	t	r	o	c	k	n	e	n
m	e	t	l	e	c	k	e	n	a

  Schreibe die Wörter aus Aufgabe 1.

 Die Kinder  Nüsse.

 Die Kinder _____ die Teller.

 Die Kinder _____ Kekse.

 Die Kinder _____ am Eis.

 Die Kinder _____ als Antwort.

10 min

1 Schreibe die Wörter.

2 Verwandle die Wörter.

blasen   bl ➡ r

denken   d ➡ sch

knicken   kn ➡ bl

warnen   ar ➡ ei

Du hast ___ von 8 Aufgaben richtig gelöst.

1 Löse das Rätsel.

D I N O

2 Schreibe das Lösungswort.

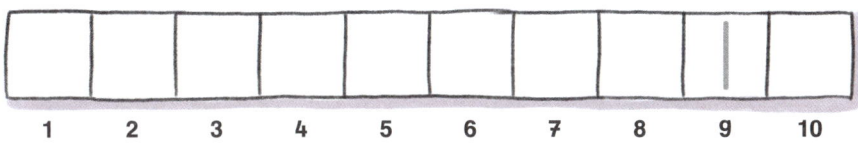

| 1 | 2 | 3 | 4 | 5 | 6 | 7 | 8 | 9 | 10 |

1 ✏️ Schreibe die Wörter.

rufen

2 ✏️ Verwandle die Wörter.

Maus   M ➡️ L

kaufen   k ➡️ l

Schaufel   f ➡️ k

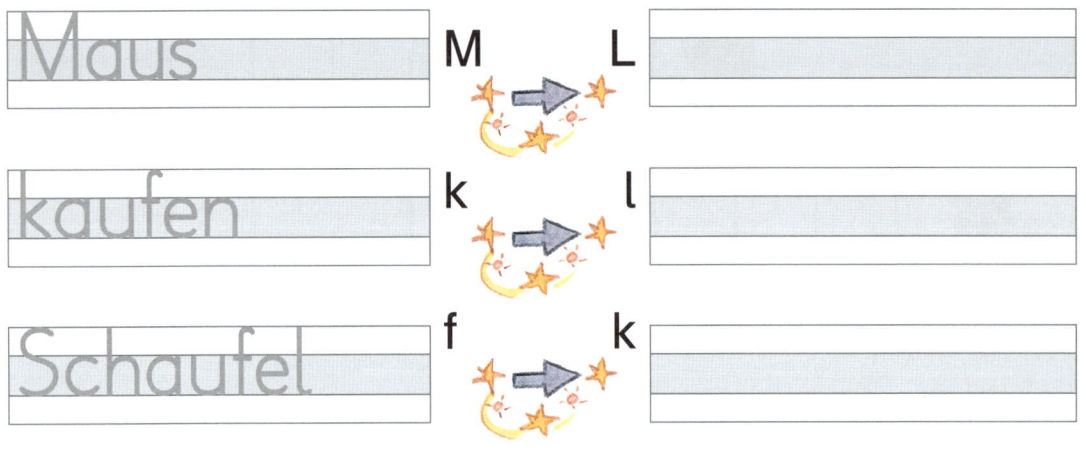

Silben: fa, fe, fi, fo, fu/Wörter mit au

1 ☒ – 🖌 Finde und male an.

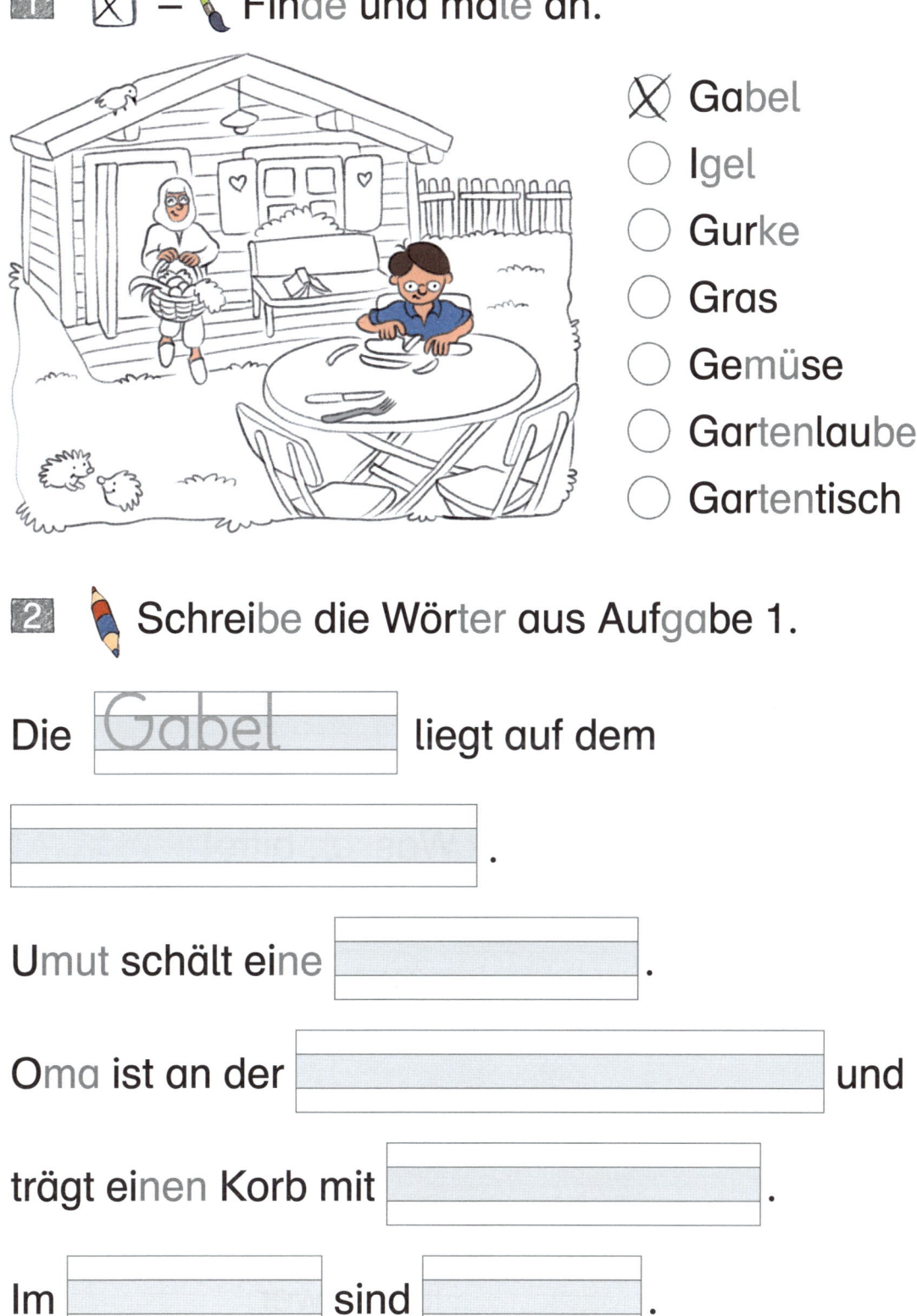

☒ Gabel

◯ Igel

◯ Gurke

◯ Gras

◯ Gemüse

◯ Gartenlaube

◯ Gartentisch

2 ✏ Schreibe die Wörter aus Aufgabe 1.

Die ⟨Gabel⟩ liegt auf dem

⟨＿＿＿＿＿＿＿＿⟩ .

Umut schält eine ⟨＿＿＿＿＿⟩ .

Oma ist an der ⟨＿＿＿＿＿＿＿＿＿⟩ und

trägt einen Korb mit ⟨＿＿＿＿＿＿＿⟩ .

Im ⟨＿＿＿＿＿⟩ sind ⟨＿＿＿＿⟩ .

1 🖍 G oder K? Spure nach und trage ein.

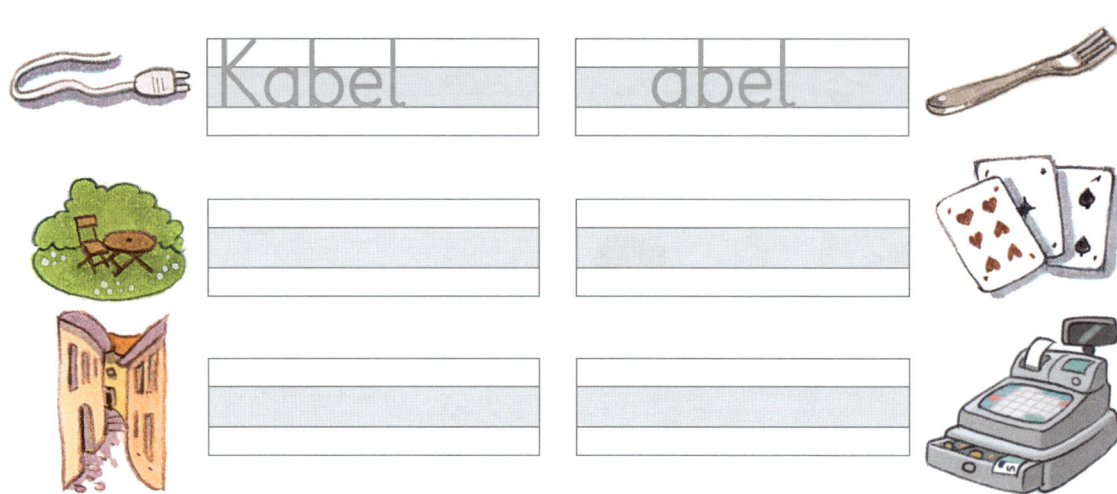

| Kabel | abel |

2 🖍 G oder K? Schreibe die Wörter.

Ich mag Salat mit Gurke .

Ein _____ Wasser, bitte!

Der _____ hebt Rohre an.

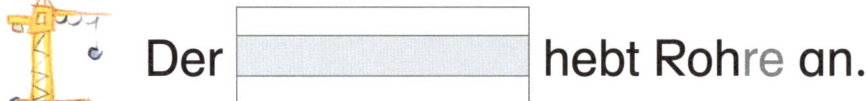

Das _____ ist rosa.

Das _____ ist schwer.

G oder K?

Verwandle die Wörter.

rauben	r → gl	
knurren	kn → g	
kneifen	kn → gr	
gönnen	g → k	
geben	g → kl	

 Schreibe die Reimwörter.

| | graben | | fr |
| | g | | g |

Raben   leben   flackern   messen

1  ei oder ie? Trage ein.

2 Male richtig an.

ei | ie

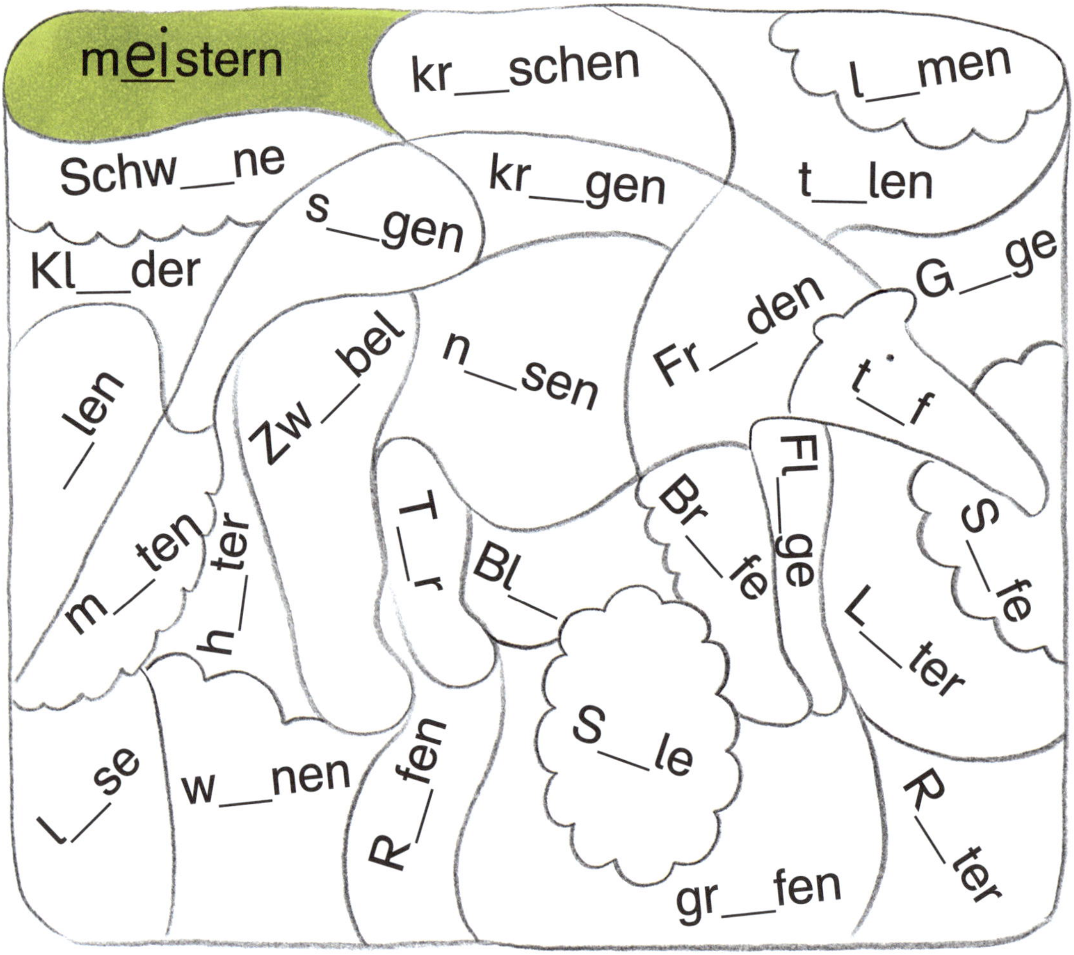

meistern

kr__schen

L__men

Schw__ne

kr__gen

t__len

s__gen

Kl__der

G__ge

__len

Zw__bel

n__sen

Fr__den

t__f

m__ten

h__ter

T__r

Bl__

Br__fe

Fl__ge

S__fe

L__ter

L__se

w__nen

R__fen

S__le

R__ter

gr__fen

3 ☒ Welches Tier siehst du? Kreuze an.

☐ Ameise ☐ Ameisenbär ☐ Wiesel

1 ✏️ B oder P? Trage ein und spure nach.

Paket ↓ lume esen

alme Lam e a a

eine ause Rau e

Ra e ost erle

Autoreparatur

2 📐 Finde den Weg durch den Irrgarten.
Verbinde nur Wörter mit P.

3 ✏️ Schreibe die Wörter.

Panda

1  Löse das Rätsel.

2 Schreibe das Lösungswort.

P

3 Male.

Ein Riese ist auf der Blumenwiese.

Das Übungsheft Deutsch – Klasse 1

Erstes Lese- und Schreibtraining

Das **Übungsheft Deutsch** ist der ideale Trainingsbegleiter für Schülerinnen und Schüler der 1. Klasse.

- Kleine, in sich abgeschlossene Lernportionen
- Kompatibel mit ABC der Tiere
- Mit Sticker-Belohnungssystem!

Das Übungsheft Deutsch 1
17 x 24 cm, 64 S., vierf., Gh,
mit Stickerbogen und Lösungsheft
ISBN 978-3-619-14170-8

www.mildenberger-verlag.de/190

Das Übungsheft Lesen – Klasse 1

Lesetraining und Leseverständnis

Die Hefte der Reihe **Übungsheft Lesen** führen die Kinder behutsam und spielerisch heran, das genaue Lesen, das Erfassen von Inhalten und die gezielte Entnahme von Informationen zu trainieren. Mit viel Spaß wird Lesekompetenz aufgebaut.

- Kurze spannende, erzählende Texte
- Sachtexte aus dem Interessengebiet von Grundschulkindern
- Nicht lineare Texte (Listen, Lagepläne …)
- Aufgaben in zwei Kompetenzstufen
- Lesebonbons in Form von Knobelaufgaben
- Mit Sticker-Belohnungssystem!

Das Übungsheft Lesen 1
17 x 24 cm, 64 S., vierf., Gh,
mit Stickerbogen und Lösungsheft
ISBN 978-3-619-14172-2

www.mildenberger-verlag.de/192

Das Übungsheft Rechtschreiben – Klasse 1

Methodentraining

Dieses Übungsheft vermittelt den Kindern die Grundlagen für den richtigen Umgang mit der Rechtschreibung.

- Alle wichtigen Bereiche des Schriftspracherwerbs von Klasse 1
- Diktatmeister mit Wörtern und ersten Sätzen in zwei Schwierigkeitsniveaus zur Auswahl
- Mit Sticker-Belohnungssystem!

Das Übungsheft Rechtschreiben 1
17 x 24 cm, 64 S., vierf., Gh,
mit Stickerbogen und Lösungsheft
ISBN 978-3-619-14171-5

www.mildenberger-verlag.de/193

Das Forderheft Deutsch 1 (1401-74)

Das Forderheft Deutsch 1 (1401-74)

Seite 4

1 👏 – 👂 – ✏️ Klatsche, höre, schreibe.

| Ma, ma | Me, me | Mi, mi | Mo, mo | Mu, mu |

ma    Mu    Mi

mo    mo me

2 🧩 Verbinde.

Mo · Mu · · mo
Mu · Mo · · Mu
Mi · Mi · · ma

Silben: ma, me, mi, mo, mu

Seite 5

1 👏 – 👂 – ✏️ Klatsche, höre, schreibe.

| La, la | Le, le | Li, li | Lo, lo | Lu, lu |
| Ta, ta | Te, te | Ti, ti | To, to | Tu, tu |

Tu    Ta    Ta

Ti    Li le    lo

2 ✏️ Schreibe die Wörter mit zwei Farben.

Lama    Mama    Tomate

Silben: la, le, li, lo, lu/ta, te, ti, to, tu

Seite 6

1 👏 – 👂 – ✏️ Klatsche, höre, schreibe.

| Ra, ra | Re, re | Ri, ri | Ro, ro | Ru, ru |
| Sa, sa | Se, se | Si, si | So, so | Su, su |

Ra    se    Re

se    So    se

2 ✏️ Schreibe die Wörter.

Salami    Salate    Rose

Silben: ra, re, ri, ro, ru/sa, se, si, so, su

Seite 7

1 👏 – 👂 – ✏️ Klatsche, höre, schreibe.

del    Del    del

Do mi    Dal ma ti

2 🖌️ Welche Silbe passt? Male richtig an.

Wa

we

del

Silben: da, de, di, do, du, del/wa, we, wi, wo, wu

Seite 8

1 ✋ – 👂 – ✏️ Klatsche, höre, schreibe.

2 👉 Verbinde.

U — (Eule)
(Igel) — I
(Elefant) ✕ E le
O ma ✕ (Oma)
A ri um (Aquarium)

3 ✏️ Schreibe die Wörter.

Umut   Oma   Esel

Seite 9

1 ✏️ Male richtig an.

Lama   Isel   Wala

Emu

Wale   Imu

Mala   Esel   Imu

2 ✏️ Schreibe die Wörter.

Salami   Museum

Lama   Wale

Seite 10

1 🖌️ Male richtig an. am ma im

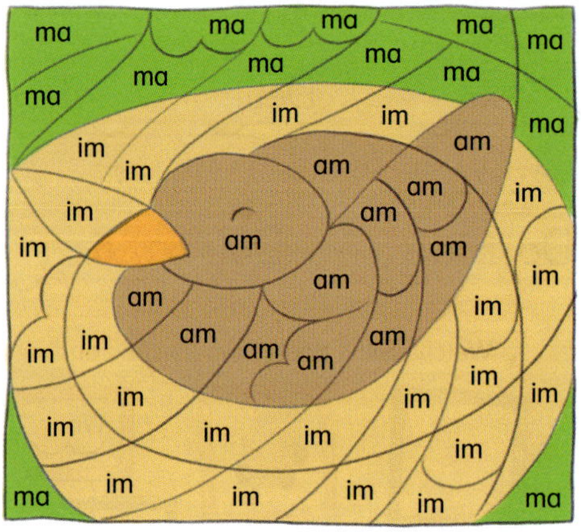

```
ma    ma    ma    ma    ma
   ma    ma    ma    ma
ma
         im    im    am    ma
   im
   im       am       am
   im       am    am    im
im       am       am
   am          am    im
im  im    am    am  am    im
   im                    im
   im          im    im
ma    im    im    im    ma
```

2 ☒ Welches Tier siehst du? Kreuze an.

☐ Made   ☒ Amsel   ☐ Lama

3 ✏️ im oder am? Wo ist die Amsel?

Die Amsel ist **im** 🪺.

Seite 11

1 ☒ Kreuze an.

☒ Umut ist im 🏕️.
☐ Umut ist am 🏕️.
☐ Umut ist im 🌳.
☒ Oma ist am 🔥.
☐ Oma ist im 🏕️.
☐ Umut ist im 🏕️ am 🔥.
☒ Umut ist im 🏕️ am 🔥.

2 🖌️ Male in das Bild.

Die Amsel ist im 🌳.

1 Streiche das Falsche durch.

Umut ~~ist~~ **sind** am 🌴.

Umut und Malte ~~ist~~ **sind** am 🌴.

Umut und Malte **ist** ~~sind~~ am ⛵.

2 ist oder sind? Schreibe die Wörter.

ist im 🌊.

ist am 🌴.

ist im 🌊.

Malte und Umut **sind** im 🌊.

Mama und Oma **sind** am 🌴.

1 Wer ruft wen? Verbinde.

Mama   Mama.
Oma   Oma.
Umut   ruft   Umut.
Malte   Malte.

2 Ergänze die Sätze.

Mama ruft Malte.

Oma ruft Umut.

Umut ruft Oma.

Malte ruft Mama.

Der 1. Deutschmeister 🕙 10 min

1 🖐 – 👂 – ✏ Klatsche, höre, schreibe.

Del ⌣   A ⌣ ri um ⌣ we

2 Schreibe die Wörter.

Salami   Museum   Esel

3 ist oder sind? Schreibe die Wörter.

Oma und Umut **sind** im 🚐.

Umut **ist** am 🦕.

Oma und Umut **sind** am 🚪.

Deutsch-Bonbon 🦀

1 Welche Tiernamen schlängeln sich durch die Kästchen? Verbinde.

2 Schreibe die Tiernamen.

| Ö–W | | E–S |
| L–E | | L–E |

Löwe   Esel

| A–L | | W–A |
| M–A | | E–L |

Lama   Wale

| A–L |
| M–M |

Lamm

3 Male richtig an.

Das Forderheft Deutsch 1 – Lösungen (Seite 16 – 19)

1 Klatsche, höre, schreibe.

ne Na na ne

2 Schreibe die Wörter.

Nudel Dino Insel

3 Verwandle die Wörter.

Dame D → N Name

Test T → N Nest

Ende d → t Ente

1 Klatsche, höre, schreibe.

Schu Scho la de

2 Schreibe die Wörter.

Schale Schere Schirme

Tasche Dusche Tische

3 Verwandle das Wort.

Schale a → u Schule

Silben: na, ne, ni, no, nu

Silben: scha, sche, schi, scho, schu

1 Schreibe die Wörter.

Schwerter  Rutsche

Muschel  Schilder

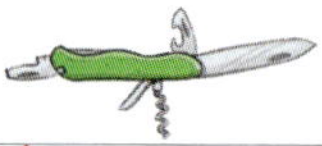

Taschenmesser

| Mu | ter | schel | mes | Rut | der | sche |
| Ta | Schwer | schen | Schil | ser |

2 Male.

1 roter Schwamm
in der Dusche.

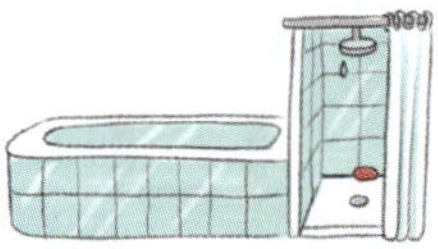

1 Schreibe die Wörter.

Eimer Eis Leine

Seile Ameise Schwein

2 Verwandle die Wörter.

Leine L → Schw Schweine

Weile W → T Teile

Meise M → R Reise

meine m → s seine

Silben: schel, schin, schwal usw.

Wörter mit ei

1 Schreibe die Wörter.

Ka bu ri → Karibu

Ko bri li → Kolibri

Ka du ka → Kakadu

2 Schreibe die Tiernamen.

Kamel   Kobra

Koala

Ka   Ko   Ko   brá   a   mel   la

1 Löse das Rätsel.

```
    KÄSE
  KARIBU
  TOMATE
  RAKETE
  KINO
  NADEL
SALAMI
NABEL
```

2 Schreibe das Lösungswort.

Krokodil

3 Male.

2 Schweine im Schlamm.

1 Schreibe die Wörter zum richtigen Bild.

den / len / schen + ken
bla / le / ra + sen

denken   lenken   schenken

lesen   blasen   rasen

2 Was alle tun.

naschen   schreiben   weinen

1 Was alle tun. Finde vier weitere Wörter und spure sie nach.

```
k n a c k e n s o r
t a l n i c k e n l
s b a c k e n l n t
r a t r o c k n e n
m e t l e c k e n a
```

2 Schreibe die Wörter aus Aufgabe 1.

Die Kinder knacken Nüsse.

Die Kinder trocknen die Teller.

Die Kinder backen Kekse.

Die Kinder lecken am Eis.

Die Kinder nicken als Antwort.

Das Forderheft Deutsch 1 – Lösungen (Seite 24–27)

10 min

1. Schreibe die Wörter.

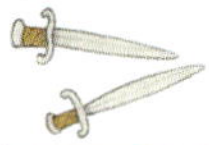

Schwerter

Rutsche

Schranke

Kakadu

2. Verwandle die Wörter.

blasen → bl → r → rasen

denken → d → sch → schenken

knicken → kn → bl → blicken

warnen → ar → ei → weinen

Du hast ___ von 8 Aufgaben richtig gelöst.

---

1. Löse das Rätsel.

```
        S₁₀ C H I N K E N₁
        C           I
        H           E₆
    B₄  R₂ O T       R
        K           
    D₉  I N O       D₃
        L           U
        A N A N A S  S
        D           C
    S C H E₈ R₇ E    H
                    E₅ I S
```

2. Schreibe das Lösungswort.

E	R	D	B	E	E	R	E	I	S
1	2	3	4	5	6	7	8	9	10

---

1. Schreibe die Wörter.

rufen

Fische

Reifen

schlafen

Schafe

Flasche

2. Verwandle die Wörter.

Maus → M → L → Laus

kaufen → k → l → laufen

Schaufel → f → k → Schaukel

---

1. ☒ – Finde und male an.

☒ Gabel
☒ Igel
☒ Gurke
☒ Gras
☒ Gemüse
☒ Gartenlaube
☒ Gartentisch

2. Schreibe die Wörter aus Aufgabe 1.

Die **Gabel** liegt auf dem

Gartentisch .

Umut schält eine **Gurke** .

Oma ist an der **Gartenlaube** und

trägt einen Korb mit **Gemüse** .

Im **Gras** sind **Igel** .

1 🖊 G oder K? Spure nach und trage ein.

Kabel	Gabel
Garten	Karten
Gasse	Kasse

2 🖊 G oder K? Schreibe die Wörter.

Ich mag Salat mit **Gurke**.

Ein **Glas** Wasser, bitte!

Der **Kran** hebt Rohre an.

Das **Kleid** ist rosa.

Das **Gold** ist schwer.

1 🖊 Verwandle die Wörter.

rauben	r → gl	glauben
knurren	kn → g	gurren
kneifen	kn → gr	greifen
gönnen	g → k	können
geben	g → kl	kleben

2 🖊 Schreibe die Reimwörter.

graben   fressen

gackern   geben

~~Raben~~   ~~leben~~   ~~flackern~~   ~~messen~~

---

1 🖊 ei oder ie? Trage ein.

2 🖊 Male richtig an.

ei   ie

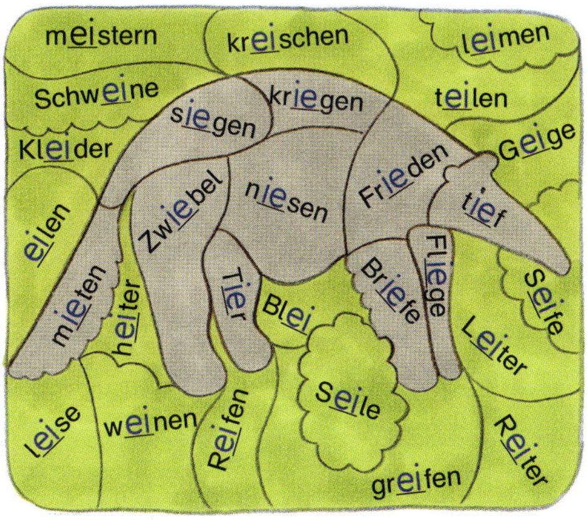

meistern   kreischen   leimen

Schweine   kriegen   teilen

Kleider   siegen   Geige

eilen   Zwiebel   niesen   Frieden   tief

mieten   heiter   Tier   Blei   Biene   Fliege   Seife

leise   weinen   Reifen   Seile   Leiter   Reiter

greifen

3 ☒ Welches Tier siehst du? Kreuze an.

☐ Ameise   ☒ Ameisenbär   ☐ Wiesel

1 🖊 B oder P? Trage ein und spure nach.

Paket	Blume	Besen
Palme	Lampe	Papa
Beine	Pause	Raupe
Rabe	Post	Perle

2 👆 Finde den Weg durch den Irrgarten.
Verbinde nur Wörter mit P.

3 🖊 Schreibe die Wörter.

Panda   Birne   Pudel

1 Löse das Rätsel.

```
            P A R K
      A U G E
      P U D E L
          W I P P E
      S C H A U K E L
          F R A U
        B I R N E
        R A U P E
```

2 Schreibe das Lösungswort.

Pelikane

3 Male.

Ein Riese ist auf der Blumenwiese.

1 Welche Wörter schlängeln sich durch die Kästchen? Verbinde.

| k-ö-p | n←e-f | r-e-w | w n←e |
| n←e-f | l-a-u | f-e→n | e-i-n |

2 Schreibe die Wörter aus Aufgabe 1.

köpfen   laufen

werfen   weinen

3 Schreibe die Wörter.

Auf dem Gipfel ist es kalt.

Die Pfanne ist sauber.

Die Pflaume schmeckt lecker.

Gemischte Wörter (3)   Gemischte Wörter (4)

Der 3. Deutschmeister   10 min

Deutsch-Bonbon

1 Schreibe die Wörter.

Reifen   Schaukel   Geige

Kreide   Pflaume   Raupe

2 Was alle tun.

Alle Kinder wippen.

Alle Kinder fischen.

Alle Kinder siegen.

sie
wip
fi
gen
schen
pen

Palindrom: Das ist ein Wort, das ich von vorn und von hinten lesen kann.

1 Kreise alle Palindrome ein.

Otto   Neffen   Oma   klettern
       aua
Ritter   Elle   Betten
       Anna   Rentner
Reittier   nennen   eine

2 Wie heißen die Wörter rückwärts gelesen? Schreibe auf.

mit	Tim	Sarg	Gras
Lager	Regal	Leben	Nebel
rot	Tor	Emma	Amme

Du hast ___ von 9 Aufgaben richtig gelöst.   Palindrome

Seite 36

1 Schreibe die Wörter.

Hanna   Hamster   Hase

Hunde   Rehe   Kühe

2 Verwandle die Wörter.

Bach — a → au → Bauch

Deich — ei → a → Dach

Sache — S → Dr → Drache

Reich — ei → au → Rauch

Molch — o → i → Milch

Silben: ha, he, hi, ho, hu/Wörter mit ch (1)

Seite 37

1 Verwandle die Wörter.

riechen — ie → ei → reichen

brechen — e → au → brauchen

fauchen — f → t → tauchen

2 Schreibe die Reimwörter.

lachen   brauchen

suchen   schleichen

kochen   fechten

machen
Knochen
weichen
Kuchen
fauchen
flechten

Wörter mit ch (2)

Seite 38

1 Ergänze die fehlenden Wörter.

Blatt — a → ä → Blätter

Rad — a → ä → Räder

Wand — a → ä → Wände

Apfel — a → ä → Äpfel

2 Aus 1 mach 2. Was malt Malte? Schreibe auf.

Leni malt eine Gans.

Malte malt zwei Gänse.

Leni malt einen Mann.

Malte malt zwei Männer.

Leni malt einen Kran.

Malte malt zwei Kräne.

Leni malt eine Hand.

Malte malt zwei Hände.

Umlaute: a ▸ ä

Seite 39

1 Welche Wörter sind gesucht? Schreibe auf.

Ein männliches Rind: Stier

Er funkelt am Himmel: Stern

Du schreibst mit ihm: Stift

Ein Vogel, der klappert: Storch

Schuh mit hohem Schaft: Stiefel

Storch   Stier   Stiefel   Stift   Stern

2 Schreibe die Wörter.

stellen   steigen

stehen   streicheln

stel   stei   ste   strei   gen   len   cheln   hen

Wörter mit St/st

Das Forderheft Deutsch 1 – Lösungen (Seite 40–43)

1. Nur Wörter mit Sp – löse das Rätsel.

S	P	I	E	L	E
S	P	U	R	E	N
S	P	A	R	G	E	L
S	P	I	N	N	E	N
S	P	I	E	G	E	L
S	P	E	C	H	T
S	P	I	N	A	T

2. Schreibe das Lösungswort.

Spanien

3. Was alle Kinder tun.

sprechen   spielen   sparen

1. Was essen die Kinder? Schreibe auf.

Ich mag Eier.

Spiegeleier

Ich mag Nudeln.

Spaghetti

Ich mag Gemüse.

Spargelsalat

Ich grille gern.

Stockbrot

Ich mag Pilze.

Steinpilze

Speisekarte

Spargelsalat	11,00 €
Spaghetti	7,50 €
Steinpilze	9,00 €
Spiegeleier	6,50 €
Stockbrot	4,00 €

Alle Speisen
auch zum
Mitnehmen!

2. Was ist deine Lieblingsspeise? Schreibe auf.

individuelle Lösung

1. Markiere fünf weitere Wörter mit Z / z.

Z	L	B	R	E	Z	E	L
A	T	A	M	R	P	S	O
R	F	Z	I	E	G	E	E
A	L	E	W	B	K	D	Z
H	N	U	W	P	R	S	E
G	P	I	L	Z	E	A	B
L	M	S	R	F	E	P	R
Z	I	R	K	U	S	P	A

2. Schreibe die Wörter aus Aufgabe 1.

Zarah ist ein Mädchen.

Marie sammelt Pilze im Wald.

Im Zirkus reitet eine Ziege

auf einem Zebra .

Sven kauft sich eine Brezel .

1. Schreibe die Wörter.

Spatz   Katze   Fliege

Stein   Ziege   Matratze

Schatz   Schwein

2. Umkreise die Reimwörter in Aufgabe 1.

3. Was alle tun.

Die Kinder sitzen in der Schule.

Die Kinder putzen ihre Zähne.

Die Kinder ziehen sich an.

sit	hen	put	zie	zen	zen

Der 4. Deutschmeister 10 min

1 Schreibe die Wörter.

Hamster Nashorn Storch

Stier Spinnen Blitze

2 Aus 1 mach 2.

Schwan a → ä Schwäne

Blatt a → ä Blätter

Apfel a → ä Äpfel

Kran a → ä Kräne

Deutsch-Bonbon

1 Löse das Rätsel.
Schreibe immer den ersten Buchstaben.

K A R L –

K O N R A D

D E R H A S E

2 Welches Haustier hat Zarah? Male es zu ihr.

3 Wie heißt Zarahs Tier? Schreibe auf.

Karl – Konrad

44   Du hast ▢ von 10 Aufgaben richtig gelöst.   Geheimschrift in Bildern   45

1 Schreibe die Wörter.

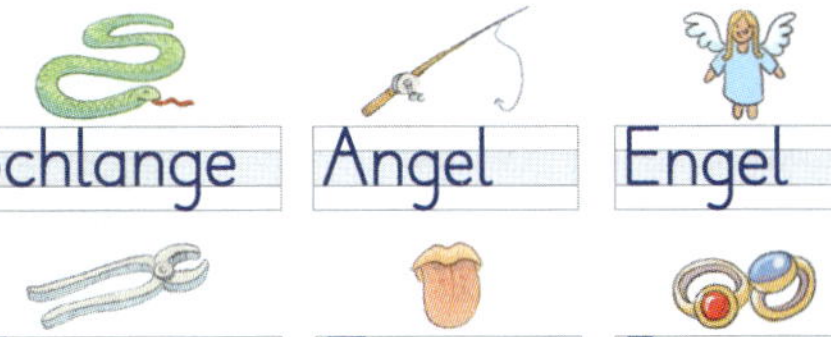

Schlange Angel Engel

Zange Zunge Ringe

2 Verbinde.

Alle — singen — die Bälle.
Alle — springen — Lieder.
Alle — fangen — hoch.

3 Schreibe die Sätze aus Aufgabe 2.

Alle singen Lieder.

Alle springen hoch.

Alle fangen die Bälle.

1 g oder k? Schreibe die Wörter.

zwin_ern dün_en

zwinkern düngen

hän_en win_en

hängen winken

den_en stin_en

denken stinken

2 Verwandle die Wörter.

Engel ng → nk Enkel

singen ng → nk sinken

Klinge ng → nk Klinke

46   Wörter mit ng   ng oder nk?   47

1 Schreibe die J-Wörter.

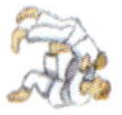

Leni macht **Judo**.

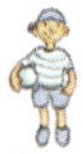

Malte ist ein **Junge**.

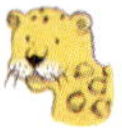

Der **Jaguar** ist eine Raubkatze.

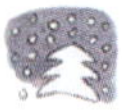

Der **Januar** ist ein kalter Monat.

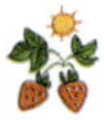

Erst kommt der Monat **Juni**,

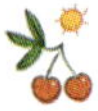

dann der Monat **Juli**.

2 Was alle tun.

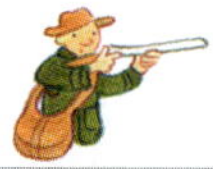

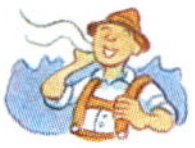

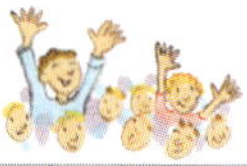

jagen   jodeln   jubeln

jo   ju   gen   deln   ja   beln

1 Verbinde.

Januar		nett
Jaguar		erste Monat
Joghurt		Raubkatze
Junge		lecker

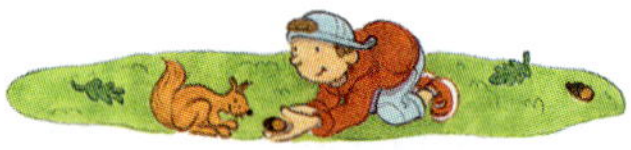

2 Bilde Sätze zu Aufgabe 1. (Beispiellösungen)

Der Januar ist der erste Monat.

Der Jaguar ist eine Raubkatze.

Der Joghurt ist lecker.

Der Junge ist nett.

1 Schreibe die Wörter.

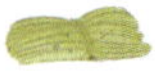

Heu   Eule

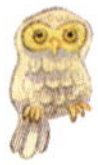

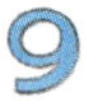

neun   Euro

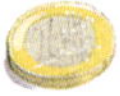

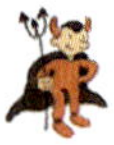

Teufel   Freunde

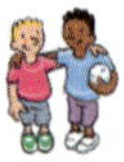

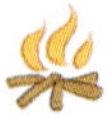

Feuer   Beule

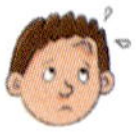

2 Was Kinder tun.

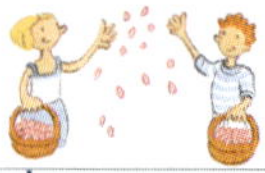

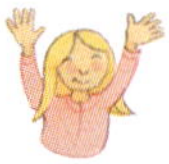

streuen   freuen

freu
heu
streu
deu

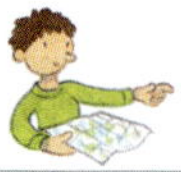

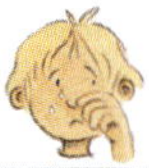

deuten   heulen

ten
en
len
en

1 Was hörst du?

V wie F   V wie W

Vogel   Vase

Vater   Klavier

vier   Vampir

Vase
Vogel
Vater
Klavier
Vampir
vier

2 Nur Wörter mit V/v – löse das Rätsel.

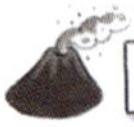

V	U	L	K	A	N
		L	A	V	A
		V	A	T	E	R
K	U	R	V	E	
V	A	M	P	I	R
V	O	G	E	L	
V	I	E	R		

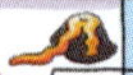

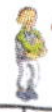

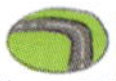

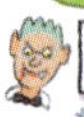

3 Trage das Lösungswort ein.

Opa spielt auf dem **Klavier**.

1 Verbinde.

Jakob — ist — im Sandkasten.
Er — baut — einen Vulkan.
Wasser — bildet — die Lava.
Alle — sind — in Gefahr.
Ein Vampir — rettet — alle.

2 Schreibe die Sätze aus Aufgabe 1.

Jakob ist im Sandkasten.

Er baut einen Vulkan.

Wasser bildet die Lava.

Alle sind in Gefahr.

Ein Vampir rettet alle.

1 Ergänze die Sätze.   (Beispiellösungen)

Der Vampir fliegt bei Vollmond.

Die Katze fängt die Maus.

Jakob baut einen Vulkan.

Die Eule schläft am Tag.

2 Schreibe die Sätze aus Aufgabe 1.

Der Vampir fliegt bei Vollmond.

Die Katze fängt die Maus.

Jakob baut einen Vulkan.

Die Eule schläft am Tag.

Der 5. Deutschmeister   10 min

1 Schreibe die Reimwörter.

Zunge ⇒ Junge

Zange ⇒ Schlange

Kater ⇒ Vater

Beule ⇒ Eule

2 Was alle Kinder tun.

Die Kinder winken zum Abschied.

Die Kinder singen ein Lied.

Die Kinder trinken einen Saft.

Die Kinder freuen sich.

win
ken en
ken
gen
sin
trin
freu

Deutsch-Bonbon

1 Wie heißen die Tiere? Fahre nach.

Molli | Bax | Henri | Klara | Karl-Konrad

2 Schreibe die Namen zu den Tieren.

Bax   Henri

Molli   Klara

Karl-Konrad

1 Ergänze die fehlenden Wörter.

Haus → au äu → Häuser

Baum → au äu → Bäume

Strauch → au äu → Sträucher

Laus → au äu → Läuse

2 Schreibe die richtigen Wörter.

Umut hat komische ~~Traum~~ Träume.

Eine ~~Mäuse~~ Maus läuft

durch ~~Raum~~ Räume.

Sie pflückt einen ~~Sträuße~~ Strauß
aus Rosen.

Sie schmückt die ~~Zaun~~ Zäune damit.

1 Ergänze die fehlenden Wörter.

Hase → Häschen

Haus → Häuschen

Hose → Höschen

Hut → Hütchen

2 groß oder klein? Schreibe die Wörter.

Das Äffchen schläft.

Die  Dose geht nicht auf.

In dem Döschen ist Milch.

Das Lämpchen leuchtet schwach.

Die  Lampe ist heller.

Umlaute: au ► äu   Verkleinerungsform

---

1 Was gehört zusammen? Male an.

Die Frösche	quasseln	im Stall.
Die Schweine	quetscht	im Teich.
Die Kinder	quaken	in der Schule.
Mama	quieken	Zitronen aus.

2 Schreibe die Sätze aus Aufgabe 1.

Die Frösche quaken im Teich.

Die Schweine quieken im Stall.

Die Kinder quasseln in der

Schule.

Mama quetscht Zitronen aus.

1 Markiere fünf weitere Wörter mit Y/y.

B	A	B	Y	E	O	K	P
R	M	T	S	A	F	S	O
D	T	E	D	D	Y	I	N
L	E	R	W	O	T	S	Y
Y	F	H	A	N	D	Y	M
A	L	R	A	K	T	W	P
K	U	O	Y	E	T	I	X

2 Schreibe die Wörter aus Aufgabe 1.

Ein Yak ist ein Rind mit langem Fell.

Kalle ist noch ein Baby.

Lotti kuschelt mit ihrem Teddy.

Ein Handy ist ein Mobiltelefon.

Frieda reitet auf einem Pony.

Ein Yeti ist ein Schneemensch.

Wörter mit Qu/qu   Wörter mit Y/y

1 Nur Wörter mit C/c oder x – löse das Rätsel.

```
C O M P U T E R
H E X E
T A X I
C O M I C
Ä
C L O W N
C E N T
B O X E R
N I X E
```

2 Trage das Lösungswort ein.

Das **Chamäleon** heißt Cornelius und ist echt cool!

Wörter mit C/c / Wörter mit x

1 Verbinde.

hat / Sie / ein Chamäleon.

Es / um eine Hexe. / geht

liebt / einen Cowboy. / Sie

liest / Max / einen Comic.

2 Schreibe die Sätze aus Aufgabe 1.

Max liest einen Comic.

Es geht um eine Hexe.

Sie hat ein Chamäleon.

Sie liebt einen Cowboy.

Minisätze mit gemischten Wörtern (3)

Der 6. Deutschmeister

10 min

1 Aus groß mach klein.

Der <u>Hund</u> bellt laut.

Das Hündchen bellt laut.

Die <u>Maus</u> rennt schnell.

Das Mäuschen rennt schnell.

2 Schreibe die Wörter.

Robin sucht seinen **Teddy** .

Die **Qualle** schwimmt im Meer.

Die **Hexe** sitzt auf dem Besen.

Cornelius spielt **Xylofon** .

Ted Xy xe lo le Qual dy fon He

Du hast [ ] von 6 Aufgaben richtig gelöst.

Deutsch-Bonbon

1 Schreibe die Tiernamen in das magische Quadrat. Achtung: letzter Buchstabe = erster Buchstabe

```
R A U P E E L C H
R           [5]           H
A                         E
B     Hering   Gnu        R  [2]
E                         I
E     Elch  Unke  Elster  N
B        Raupe            G
E     Eber      Rabe      N  [4]
R                         U
R E T S L E E K N U  [3]
```

Hering, Gnu, Elch, Unke, Elster, Raupe, Eber, Rabe

2 Trage das Lösungswort ein.

A R T U R malt ein Lama.
1 2 3 4 5

Das magische Tierquadrat

Das Forderheft Deutsch 1 – Lösungen (Seite 64)

Deutsch-Sahnebonbon

1. Welches Tier schlängelt sich hier?

K I B ³
A R U ⁸

2. Löse das magische Tierquadrat.

D I N O O
N | | T
U | | T
H | | E
H E R R

Dino
Hund
Reh
Otter

3. Löse das Rätsel.

S P A G H E T T I
5   7   6   4

4. Ergänze die Lösungsbuchstaben.

D U B I S T G U T !
1 2 3 4 5 6 7 8 9

Wortschlange, magisches Tierquadrat, Geheimschrift in Bildern

1. Deutschmeister

2. Deutschmeister

3. Deutschmeister

4. Deutschmeister

5. Deutschmeister

6. Deutschmeister

Die runden Sticker sind keine Sticker fürs Wimmelbild.
Benutze sie, wie du möchtest.

Mit diesem Heft übt:

_____

Das Übungsheft Texte schreiben –
Klasse 1/2

Grundlagen und Aufsatztraining

In kleinschrittigen, anschaulichen Übungseinheiten werden die wichtigsten Vorübungen fürs Schreiben angebahnt.

- Aufbau eines Aufsatzes kennenlernen
- Dinge und Personen beschreiben
- Dinge beschriften, Listen erstellen, Plakate lesen
- Lage- und Wegbeschreibungen
- Zu Bildern schreiben
- Eine kleine kreative Geschichte ausformulieren
- Mit Checklisten zur eigenen Textkontrolle
- Mit Sticker-Belohnungssystem!

Das Übungsheft Texte schreiben 1/2
17 x 24 cm, 64 S., vierf., Gh,
mit Stickerbogen und Lösungsheft
ISBN 978-3-619-24173-6

www.mildenberger-verlag.de/752

Sprache kreativ
Gereimtes und Ungereimtes

Freude am kreativen Umgang mit Sprache fördern – dafür steht die Reihe **Sprache kreativ**. Gereimtes und Ungereimtes bietet vergnügliche Anlässe zum Nachdenken über Sprache.

- Lesehefte mit vielen Sprechanlässen zu grundschulrelevanten Themen
- kurze, motivierende Leseportionen für den Unterricht und zwischendurch
- ein bunter Mix aus Sprachspaß, Bildergeschichten und Gedichten in jedem Themenheft
- mit künstlerisch hochwertigen Illustrationen
- Texte mit farbigem Silbentrenner

Von A bis Z – das lustige Alphabet der Tiere ·
Themenheft 1: Alphabet
24 x 17 cm, 56 S., vierf., Gh   ISBN 978-3-619-13300-0

Themenhefte 2–5:
24 x 17 cm, 32 S., vierf., Gh

Von miauenden Hähnen und amselnden Zwitschern ·
Themenheft 2: Tiere und Natur   ISBN 978-3-619-13301-7

Von Frühling, Sommer, Herbst und Winter ·
Themenheft 3: Jahreszeiten   ISBN 978-3-619-13302-4

Von Familie, Freunden und küssenden Elefanten ·
Themenheft 4: Ich und die anderen   ISBN 978-3-619-13303-1

Von kleinen Wehwehchen und Spaß an Bewegung ·
Themenheft 5: Fit und gesund   ISBN 978-3-619-13304-8

Sprache kreativ: Komplettbezug · Themenhefte 1–5

	Print	ISBN 978-3-619-13310-9
	Digital-Lizenz	ISBN 978-3-619-92335-9
	Print & Digital	ISBN 978-3-619-92501-8

www.mildenberger-verlag.de/871

Welche Wörter schlängeln sich durch
die Kästchen? Verbinde.

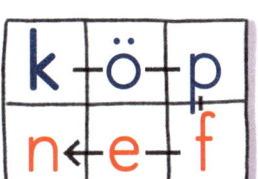

k	ö	p
n	e	f

n	e	f
l	a	u

r	e	w
f	e	n

w	n	e
e	i	n

2 Schreibe die Wörter aus Aufgabe 1.

 köpfen

3 Schreibe die Wörter.

 Auf dem Gipfel ist es kalt.

 Die _____ ist sauber.

 Die _____ schmeckt lecker.

1 ✏️ Schreibe die Wörter.

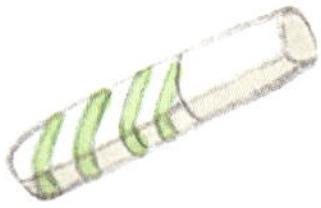

2 ✏️ Was alle tun.

Alle Kinder _____ .

Alle Kinder _____ .

Alle Kinder _____ .

sie

wip

fi

gen

schen

pen

Du hast ___ von 9 Aufgaben richtig gelöst.

Palindrom: Das ist ein Wort, das ich von vorn und von hinten lesen kann.

  Kreise alle Palindrome ein.

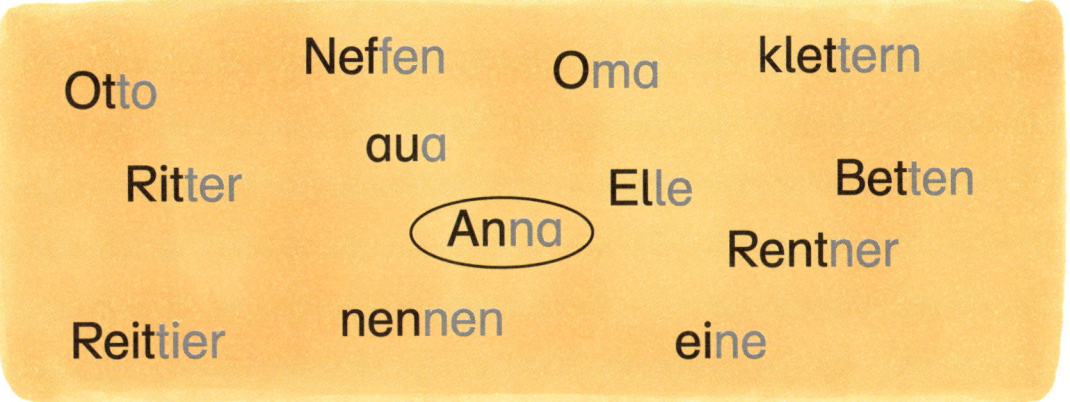

Otto

Neffen

Oma

klettern

aua

Ritter

Elle

Betten

Anna

Rentner

Reittier

nennen

eine

 Wie heißen die Wörter rückwärts gelesen? Schreibe auf.

mit | Tim   Sarg

Lager   Leben

rot   Emma

1 Schreibe die Wörter.

Hanna

2 Verwandle die Wörter.

Bach   a → au

Deich   ei → a

Sache   S → Dr

Reich   ei → au

Molch   o → i

1 Verwandle die Wörter.

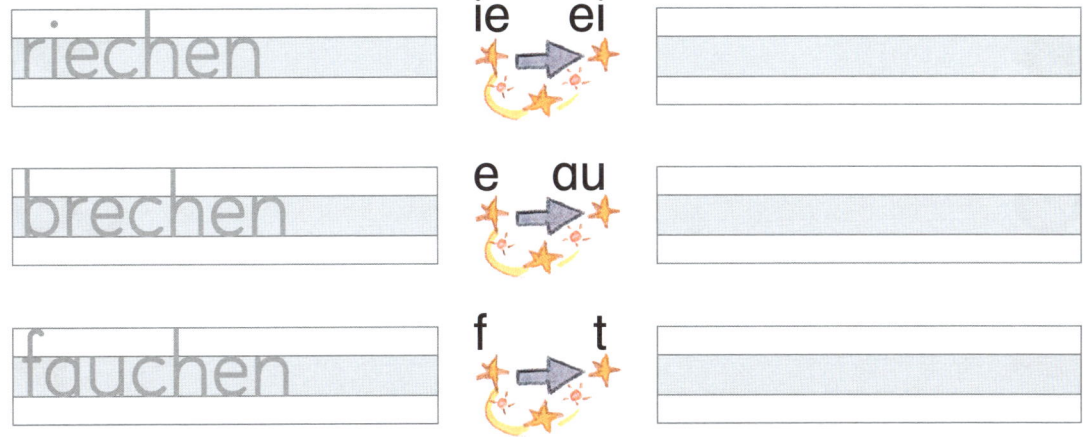

riechen   ie → ei

brechen   e → au

fauchen   f → t

2 Schreibe die Reimwörter.

lachen

br

s

schl

k

f

machen

Knochen

weichen

Kuchen

fauchen

flechten

1 Ergänze die fehlenden Wörter.

Blatt   a → ä   Blätter

_____   a → ä   Räder

Wand   a → ä   _____

_____   a → ä   Äpfel

2 Aus 1 mach 2. Was malt Malte? Schreibe auf.

Leni malt eine <u>Gans</u>.

Malte malt zwei Gänse.

Leni malt einen <u>Mann</u>.

Leni malt einen <u>Kran</u>.

Leni malt eine <u>Hand</u>.

1 Welche Wörter sind gesucht? Schreibe auf.

Ein männliches Rind: Stier

Er funkelt am Himmel:

Du schreibst mit ihm:

Ein Vogel, der klappert:

Schuh mit hohem Schaft:

Storch   Stiefel   Stern
    ~~Stier~~   Stift

2 Schreibe die Wörter.

stellen

~~stel~~ stei ste strei gen ~~len~~ cheln hen

1 Nur Wörter mit Sp – löse das Rätsel.

| | S | P | I | E | L | E | |
| | | | | | | | |

2 Schreibe das Lösungswort.

S

3 Was alle Kinder tun.

sprechen

1 Was essen die Kinder? Schreibe auf.

Ich mag Eier.

Spiegeleier

Ich mag Nudeln.

Ich mag Gemüse.

Ich grille gern.

Ich mag Pilze.

Speisekarte

Spargelsalat	11,00 €
Spaghetti	7,50 €
Steinpilze	9,00 €
~~Spiegeleier~~	6,50 €
Stockbrot	4,00 €

Alle Speisen
auch zum
Mitnehmen!

2 Was ist deine Lieblingsspeise? Schreibe auf.

1 Markiere fünf weitere Wörter mit Z/z.

2 Schreibe die Wörter aus Aufgabe 1.

Zarah ist ein Mädchen.

Marie sammelt _____ im Wald.

Im _____ reitet eine _____

auf einem _____ .

Sven kauft sich eine _____ .

1 Schreibe die Wörter.

Spatz

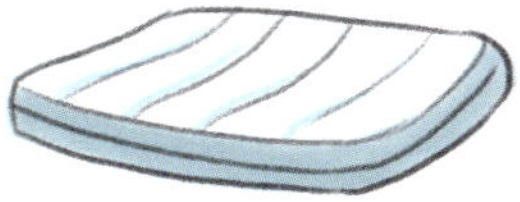

2 Umkreise die Reimwörter in Aufgabe 1.

3 Was alle tun.

Die Kinder sitzen in der Schule.

Die Kinder _____ ihre Zähne.

Die Kinder _____ sich an.

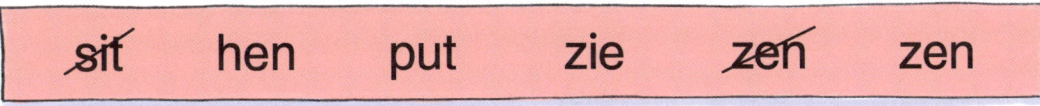

sit   hen   put   zie   zen   zen

1 Schreibe die Wörter.

2 Aus 1 mach 2.

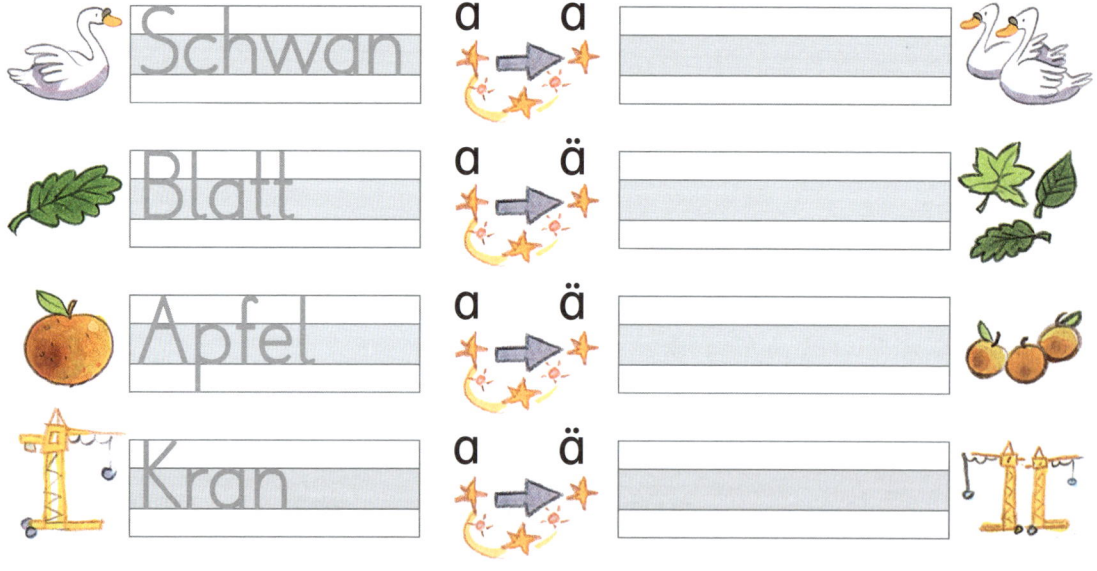

Du hast ____ von 10 Aufgaben richtig gelöst.

1 Löse das Rätsel.
Schreibe immer den ersten Buchstaben.

K ___ ___ ___ – ___

___ ___ ___ ___ ___ ___

___ ___ ___ ___ ___ ___ ___ ___

2 Welches Haustier hat Zarah? Male es zu ihr.

3 Wie heißt Zarahs Tier? Schreibe auf.

K -

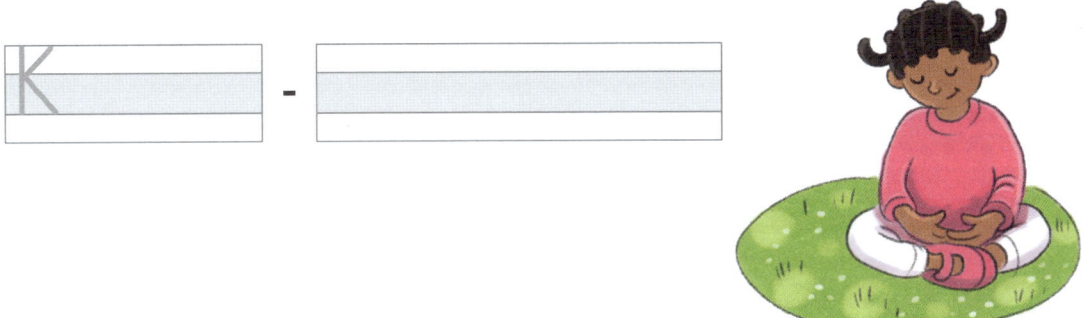

1 Schreibe die Wörter.

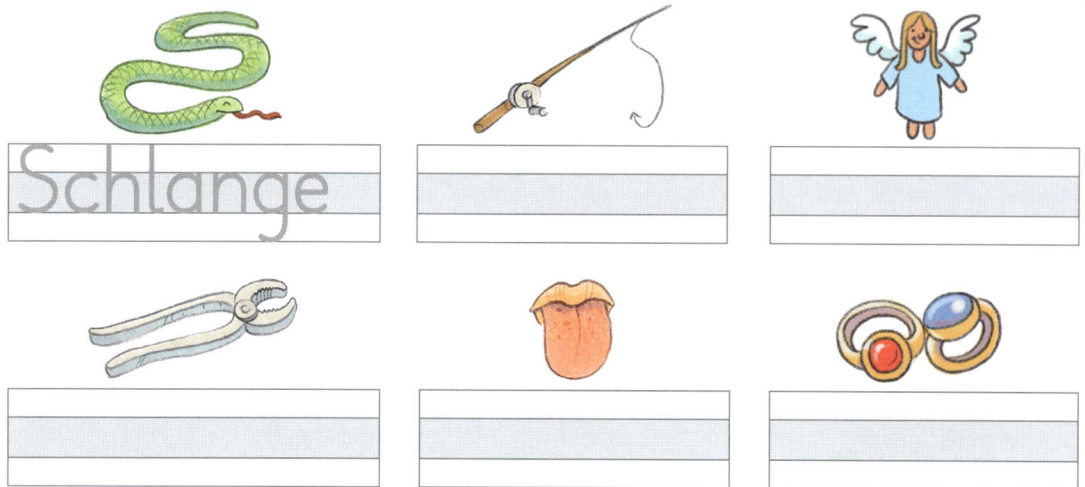

Schlange

2 Verbinde.

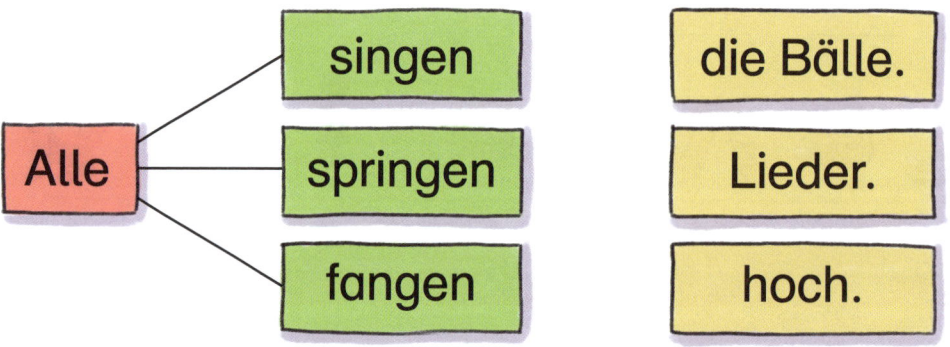

3 Schreibe die Sätze aus Aufgabe 2.

Alle singen

1 g oder k? Schreibe die Wörter.

zwin◯ern

zwinkern

dün◯en

_____

hän◯en

_____

win◯en

_____

den◯en

_____

stin◯en

_____

2 Verwandle die Wörter.

Engel   ng ➡ nk   _____

singen   ng ➡ nk   _____

Klinge   ng ➡ nk   _____

1 Schreibe die J-Wörter.

Leni macht Judo.

Malte ist ein _____.

Der _____ ist eine Raubkatze.

Der _____ ist ein kalter Monat.

Erst kommt der Monat _____,

dann der Monat _____.

2 Was alle tun.

jagen _____ _____

jo   ju   ~~gen~~   deln   ~~ja~~   beln

1 Verbinde.

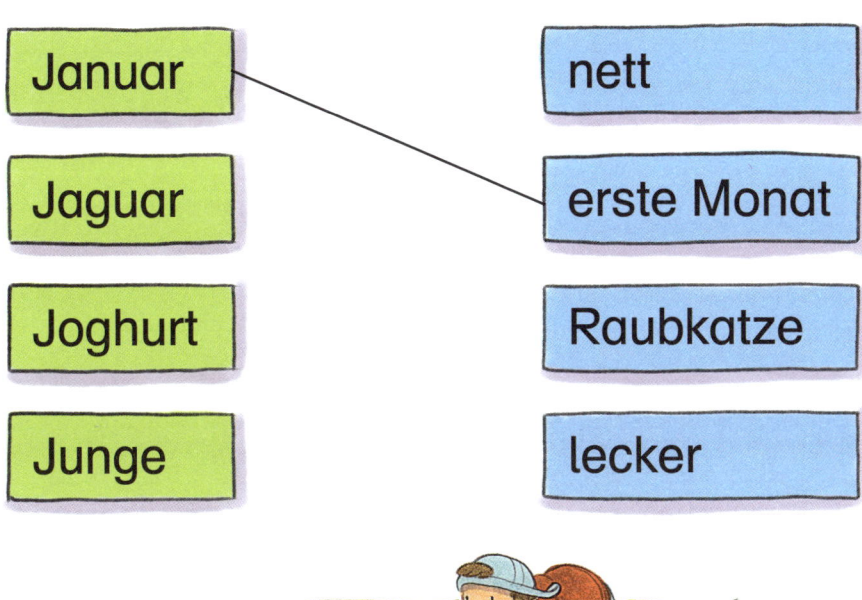

Januar	nett
Jaguar	erste Monat
Joghurt	Raubkatze
Junge	lecker

2 Bilde Sätze zu Aufgabe 1.

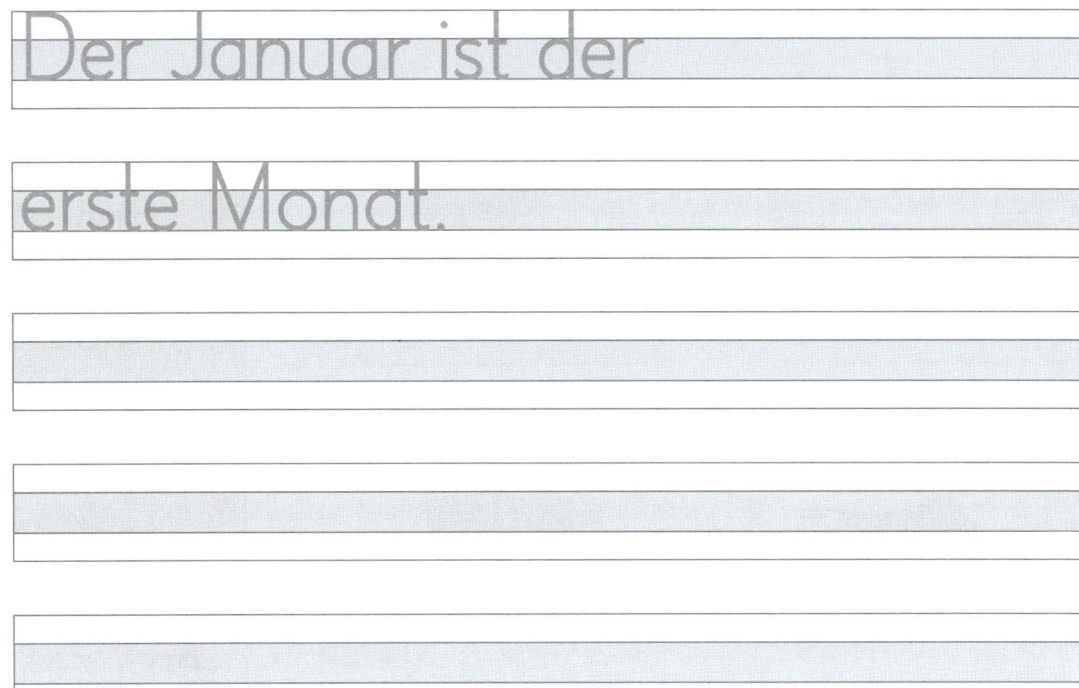

Der Januar ist der

erste Monat.

Schreibe die Wörter.

Heu

9

2   Was Kinder tun.

streuen

freu
heu
~~streu~~
deu

ten
~~en~~
len
en

Wörter mit Eu/eu

1 Was hörst du?

V wie F   V wie W

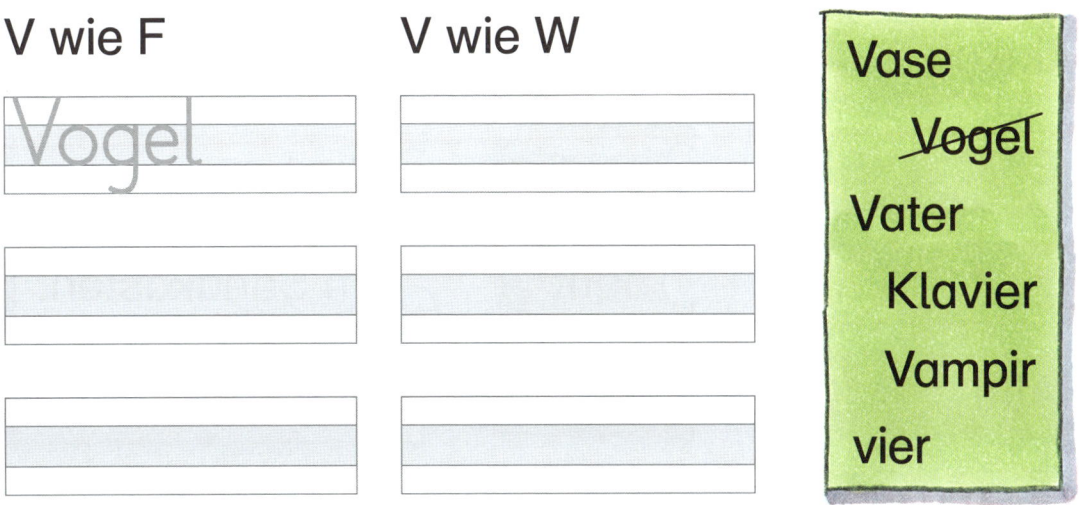

Vogel

Vase
~~Vogel~~
Vater
Klavier
Vampir
vier

2 Nur Wörter mit V/v – löse das Rätsel.

V U L K A N

3 Trage das Lösungswort ein.

Opa spielt auf dem K____ .

1 Verbinde.

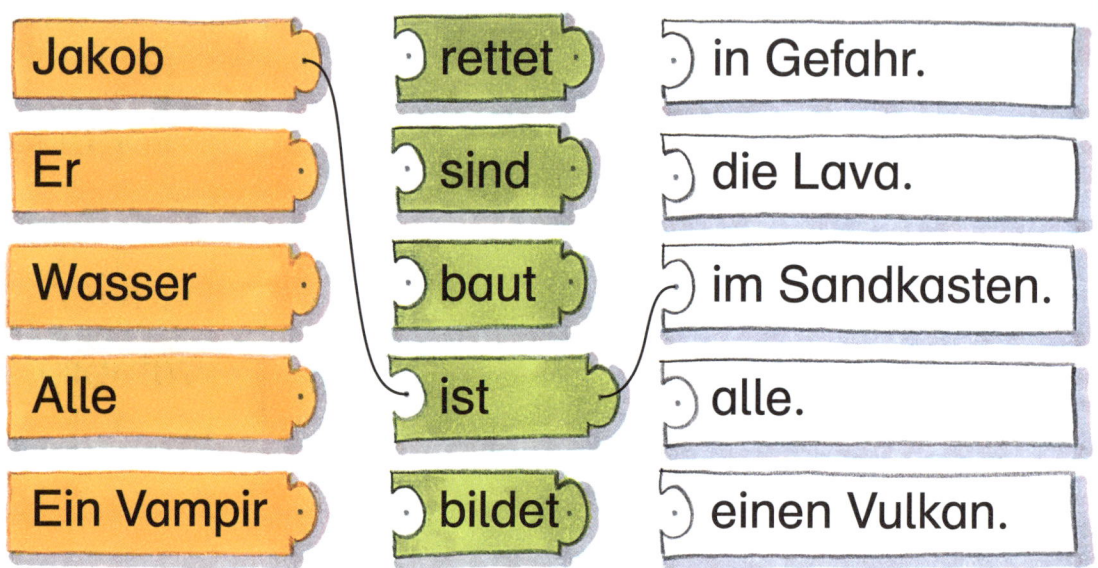

Jakob	rettet	in Gefahr.
Er	sind	die Lava.
Wasser	baut	im Sandkasten.
Alle	ist	alle.
Ein Vampir	bildet	einen Vulkan.

2 Schreibe die Sätze aus Aufgabe 1.

Jakob ist im Sandkasten.

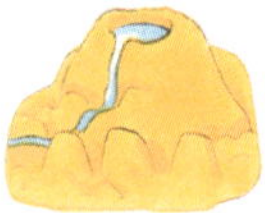

Minisätze mit gemischten Wörtern (1)

1 Ergänze die Sätze.

Der Vampir fliegt bei Vollmond.

Die Katze _____ die Maus.

Jakob _____ einen Vulkan.

Die Eule _____ am Tag.

2 Schreibe die Sätze aus Aufgabe 1.

Der Vampir fliegt bei Vollmond.

10 min

1 Schreibe die Reimwörter.

Zunge ➡

Zange ➡

Kater ➡

Beule ➡

2 Was alle Kinder tun.

Die Kinder _____ zum Abschied.

Die Kinder _____ ein Lied.

Die Kinder _____ einen Saft.

Die Kinder _____ sich.

win
ken   en
ken
gen
sin
trin
freu

Du hast [ ] von 8 Aufgaben richtig gelöst.

1 Wie heißen die Tiere? Fahre nach.

| Molli | Bax | Henri | Klara | Karl-Konrad |

2 Schreibe die Namen zu den Tieren.

1 Ergänze die fehlenden Wörter.

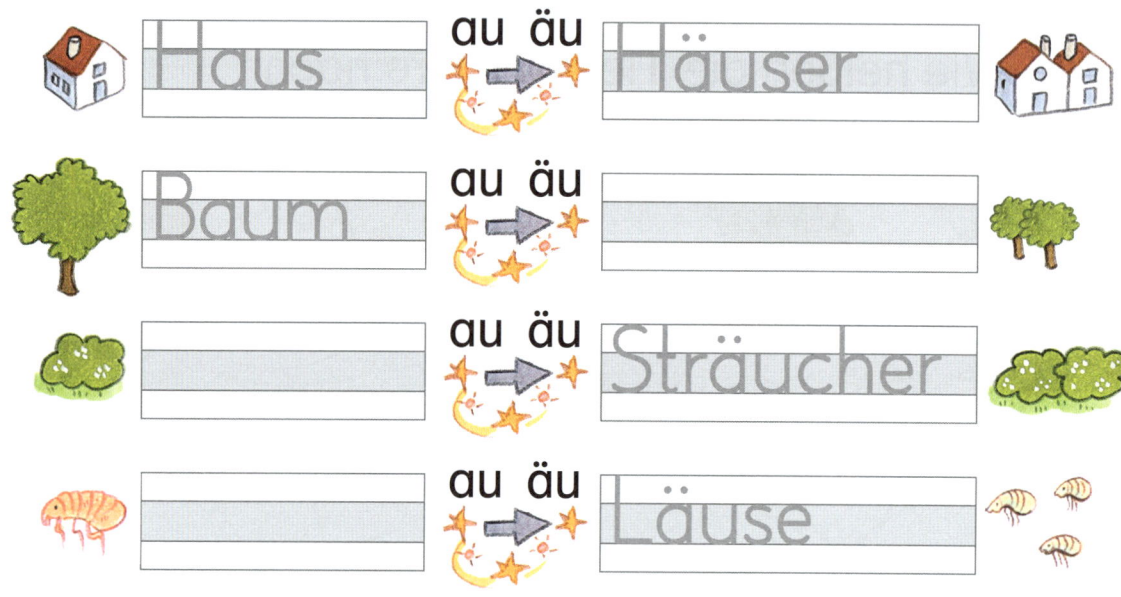

Haus au äu → Häuser

Baum au äu →

au äu → Sträucher

au äu → Läuse

2 Schreibe die richtigen Wörter.

Umut hat komische ~~Traum~~ Träume .

Eine ~~Mäuse~~ läuft

durch ~~Raum~~ .

Sie pflückt einen ~~Sträuße~~
aus Rosen.

Sie schmückt die ~~Zaun~~ damit.

1 Ergänze die fehlenden Wörter.

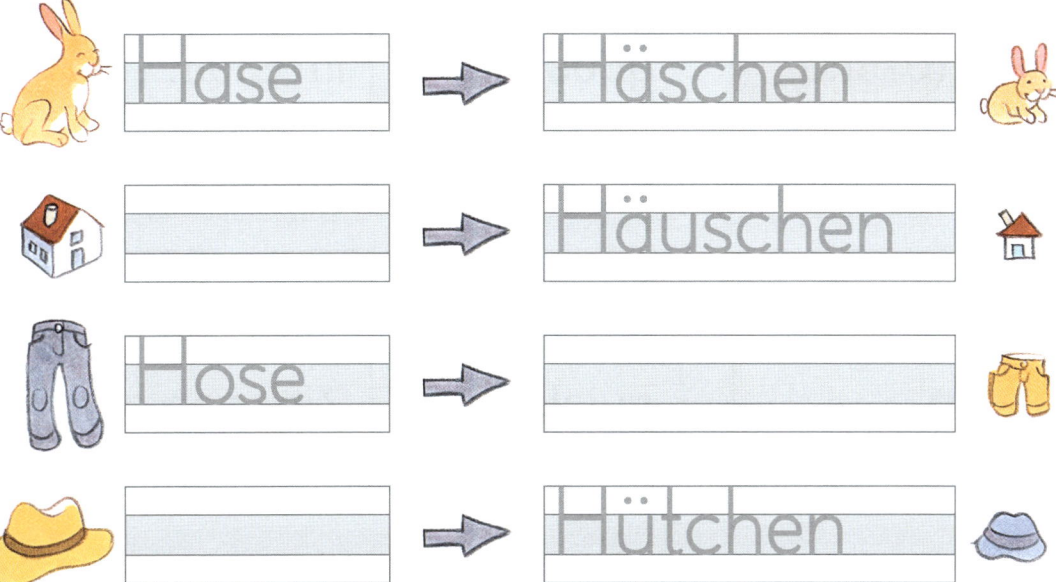

Hase	⇒	Häschen
	⇒	Häuschen
Hose	⇒	
	⇒	Hütchen

2 groß oder klein? Schreibe die Wörter.

Das 🐒 Äffchen schläft.

Die [_____] geht nicht auf.

In dem [_____] ist Milch.

Das [_____] leuchtet schwach.

Die [_____] ist heller.

1 Was gehört zusammen? Male an.

Die Frösche	quasseln	im Stall.
Die Schweine	quetscht	im Teich.
Die Kinder	quaken	in der Schule.
Mama	quieken	Zitronen aus.

2 Schreibe die Sätze aus Aufgabe 1.

Die Frösche

1 Markiere fünf weitere Wörter mit Y/y.

B	A	B	Y	E	O	K	P
R	M	T	S	A	F	S	O
D	T	E	D	D	Y	I	N
L	E	R	W	O	T	S	Y
Y	F	H	A	N	D	Y	M
A	L	R	A	K	T	W	P
K	U	O	Y	E	T	I	X

2 Schreibe die Wörter aus Aufgabe 1.

Ein Yak ist ein Rind mit langem Fell.

Kalle ist noch ein _____ .

Lotti kuschelt mit ihrem _____ .

Ein _____ ist ein Mobiltelefon.

Frieda reitet auf einem _____ .

Ein _____ ist ein Schneemensch.

1 Nur Wörter mit C/c oder x –
löse das Rätsel.

| | C | O | M | P | U | T | E | R |
| | | | | | | | | |

(Kreuzworträtsel mit den Spalten-Buchstaben C, A, Ä und weiteren Feldern)

2 Trage das Lösungswort ein.

Das C _____ heißt Cornelius
und ist echt cool!

1 Verbinde.

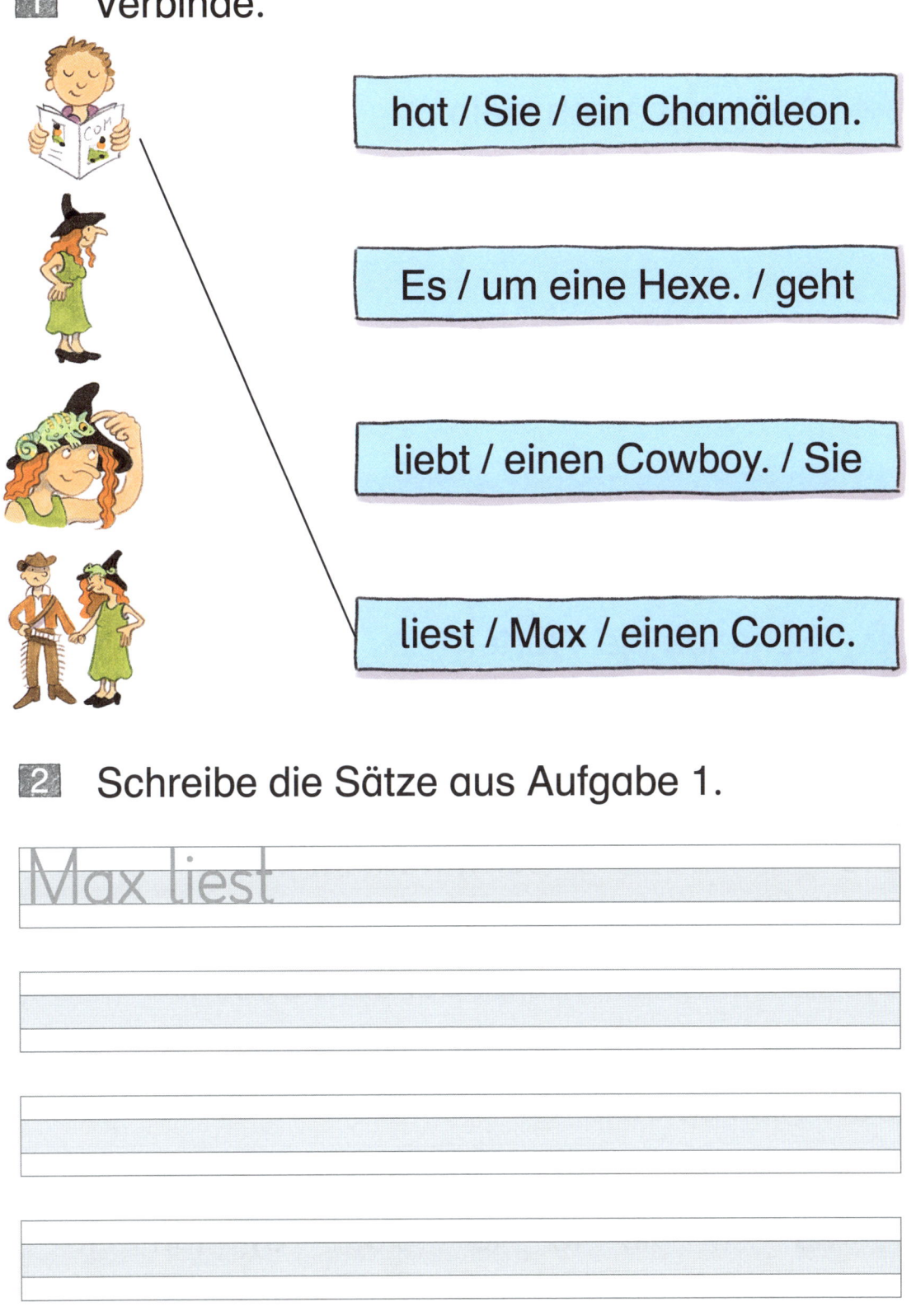

hat / Sie / ein Chamäleon.

Es / um eine Hexe. / geht

liebt / einen Cowboy. / Sie

liest / Max / einen Comic.

2 Schreibe die Sätze aus Aufgabe 1.

Max liest

1 Aus groß mach klein.

Der <u>Hund</u> bellt laut.

_____

Die <u>Maus</u> rennt schnell.

_____

2 Schreibe die Wörter.

Robin sucht seinen _____ .

Die _____ schwimmt im Meer.

Die _____ sitzt auf dem Besen.

Cornelius spielt _____ .

Ted   Xy   xe   lo   le   Qual   dy   fon   He

Du hast ____ von 6 Aufgaben richtig gelöst.

1 Schreibe die Tiernamen in das magische Quadrat. Achtung: letzter Buchstabe = erster Buchstabe

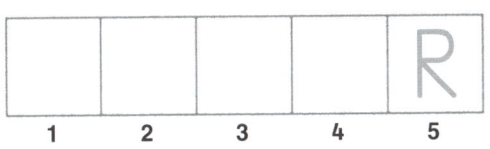

R⁵ A U P E E

Hering

Gnu

Elster

Elch

Unke

Raupe

Rabe

Eber

2 Trage das Lösungswort ein.

			R	
1	2	3	4	5

malt ein Lama.

1 Welches Tier schlängelt sich hier?

2 Löse das magische Tierquadrat.

3 Löse das Rätsel.

5   7   6   4

4 Ergänze die Lösungsbuchstaben.

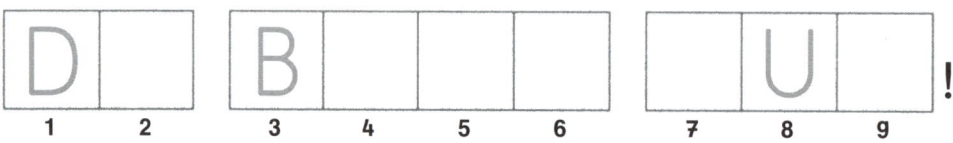

D		B					U		!
1	2	3	4	5	6	7	8	9	